全国基层
文化队伍培训用书

社会力量参与
公共文化服务概论

吴理财　主编

Training Books for
National Grassroots Cultural Teams

北京师范大学出版集团
BEIJING NORMAL UNIVERSITY PUBLISHING GROUP
北京师范大学出版社

"全国基层文化队伍培训用书"编委会

总　序

公共文化服务体系建设是满足公民基本文化需求、维护公民基本文化权益的保障，是解决好文化发展不平衡不充分问题的重要方式。近年来，中共中央、国务院高度重视公共文化服务体系建设，随着《中华人民共和国公共文化服务保障法》和《中华人民共和国公共图书馆法》等一系列政策法规的出台、实施，我国公共文化服务体系布局日趋合理，资源建设日渐丰富，服务能力不断提高，人民群众的幸福感日益提升。

加快构建现代公共文化服务体系，队伍是基础，人才是关键。为提高基层文化队伍理论素养和业务能力，文化和旅游部自2010年启动全国基层文化队伍培训，并组织编写"全国基层文化队伍培训用书"。首批18种图书出版后，受到全国文化系统学员的普遍欢迎。为适应新时代公共文化服务发展的新要求，第二批"全国基层文化队伍培训用书"选取当前实践中的热点问题，重点涵盖公共文化服务理论政策、实践案例及工作实务三方面内容，突出科学性和实用性，为相关从业人员提供规范、有用的指导参考。

"全国基层文化队伍培训用书"由文化和旅游部公共服务司指导，中央文化和旅游管理干部学院组织编写，来自全国文化馆和图书馆界的优秀专家担任主编。在编写过程中，编者查阅了大量资料，付出了宝贵的心血，在此一并致谢。受编者水平所限，书中内容难免有所疏漏，恳请各位读者批评指正。

目 录

第一章　社会力量参与公共文化服务导论

在人民群众文化服务需求快速增长且呈现出多样化、层次化、个性化的背景之下，公共文化服务社会化既是提升公共文化服务效能的重要路径，也是构建现代公共文化服务体系的内在要求。随着我国公共文化服务体系建设进程的不断加快，社会力量作为公共文化服务体系建设的重要主体，越来越多地参与到公共文化服务中来，这对推动公共文化服务体系建设和文化事业发展起到了十分积极的作用。社会力量已经成为我国公共文化服务体系建设中一支不可或缺的重要参与力量。

为了健全人民文化权益保障制度，必须坚持以人民为中心的工作导向，不断完善城乡公共文化服务体系，优化城乡文化资源配置，进一步健全支持开展群众性文化活动机制，鼓励社会力量参与公共文化服务体系建设。[①] 为提升公共文化服务效能，我国各地在推进公共文化服务社会化方面，进行了诸多探索及实践。公共文化服务和供给方式日趋多样化，逐步形成政府主导、社会参与、公办民办并举的公共文化服务供给模式。

第一节　社会力量参与公共文化服务的基本概念

要加快社会力量参与公共文化服务的进程，首先必须明晰何谓社会力量参与公共文化服务。只有明确社会力量参与公共文化服务的主体及类型，在厘清社会力量参与公共文化服务基本概念的基础上，才能在政策层面更好地推进公共文化服务社会化发展。

一、公共文化服务

长期以来，基于政府及市场在文化领域中的作用，我国文化发展存在着文化事业

---

① 《中共中央关于坚持和完善中国特色社会主义制度　推进国家治理体系和治理能力现代化若干重大问题的决定》，http://www.gov.cn/xinwen/2019－11－05/content_5449023.htm，2020-07-23。

与文化产业发展的路径之争。一种是政府化路径：由于文化具有很强的公共性及意识形态的属性，在我国特殊的国情影响下，公共文化服务理应是政府的职责，不应当走市场化、产业化的发展之路。另一种则是市场化路径：在改革开放以来市场化浪潮的影响下，人民文化权益的保障应该依靠市场机制来提供，通过推动文化体制的市场化改革，走市场化的发展道路。① 但从现实的实践来看，片面强调政府化路径或市场化路径都存在很大的弊端，文化发展可能面临政府及市场双重失灵的风险，进而导致文化建设停滞不前。

2005 年，党的十六届五中全会首次提出，要"逐步形成覆盖全社会的、比较完备的公共文化服务体系"，"公共文化服务"这一概念首次出现在党的政策文件之中，结束了长期以来文化事业与文化产业发展的路径之争，为我国公共文化建设提供了新的思路及方向。

2007 年 8 月 21 日，中共中央办公厅和国务院办公厅联合印发的《关于加强公共文化服务体系建设的若干意见》(〔2007〕21 号)中，进一步阐述了公共文化服务体系建设的概念及内容，并进一步明确了公共文化服务体系建设的路径及原则。这份文件提出：加快构建"与中国特色社会主义事业和全面建设小康社会的历史进程相适应，按照结构合理、发展均衡、网络健全、运行有效、惠及全民的原则，以政府为主导、以公益性文化单位为骨干、鼓励全社会积极参与，努力建设以公共文化产品生产供给、设施网络、资金人才技术保障、组织支撑和运行评估为基本框架的覆盖全社会的公共文化服务体系"。

2015 年年初，中共中央办公厅和国务院办公厅又联合印发《关于加快构建现代公共文化服务体系的意见》，对构建现代公共文化服务体系做出了全面部署。这份文件提出：按照全面建成小康社会的总体要求，牢固树立以人民为中心的工作导向，以改革创新为动力，以基层为重点，构建体现时代发展趋势、适应社会主义初级阶段基本国情和市场经济要求、符合文化发展规律、具有中国特色的现代公共文化服务体系。并且要求：到 2020 年，基本建成覆盖城乡、便捷高效、保基本、促公平的现代公共文化服务体系。在推进现代公共文化服务体系建设过程中，政府、市场、社会三者缺一不可。政府的作用是保基本、促公平；市场用来提供多样化的产品和服务；社会的作用则在于激发各类社会主体参与公共文化服务的积极性，创造良好的社会环境。②

党的十九大报告中，又进一步提出："满足人民过上美好生活的新期待，必须提供丰富的精神食粮。要深化文化体制改革，完善文化管理体制，加快构建把社会效益放

---

① 吴理财、刘建：《企业作为社会力量如何参与公共文化服务——基于北大资源的案例分析》，载《贵阳市委党校学报》，2015(4)。

② 李国新：《激活社会力量参与公共文化服务》，载《经济日报》，2015-01-16。

在首位、社会效益和经济效益相统一的体制机制。完善公共文化服务体系，深入实施文化惠民工程，丰富群众性文化活动。"公共文化服务体系建设作为人民美好生活实现的内在需要，是繁荣社会主义文化的重要机制。

为了促进现代公共文化服务体系建设，我国也加快了公共文化服务的立法工作。2016年12月25日，第十二届全国人民代表大会常务委员会第二十五次会议通过了《中华人民共和国公共文化服务保障法》（以下简称《公共文化服务保障法》）。

根据《公共文化服务保障法》总则第二条的规定：公共文化服务，是指由政府主导、社会力量参与，以满足公民基本文化需求为主要目的而提供的公共文化设施、文化产品、文化活动以及其他相关服务。

从其主体来看，公共文化服务的主体不仅包括政府组织，还包括非政府组织、企业、社区及个体；从其特征来看，公共文化服务具有公益性、基本性、均等性、便利性等特征；从其功能来看，它具有权利保障和文化治理的双重功能。

二、社会力量

何谓社会力量？目前还没有一个公认的定义。在国际上，由于各国在文化传统和语言习惯方面存在着很大不同，因此社会力量在不同的国家和地区有着多种不同的称谓，如非政府组织、非营利组织、第三部门或独立部门、志愿者组织、慈善组织、免税组织等，并且在不同的语境或政策之中，社会力量的范围也不尽一致。

在我国，具体到公共文化服务领域，社会力量一般是指除政府和财政补助事业单位以外的社会主体。尽管我国《公共文化服务保障法》没有对参与公共文化服务的社会力量做明确界定，但有不少条文内容涉及社会力量的组成部分。譬如，第十三条规定："国家鼓励和支持公民、法人和其他组织参与公共文化服务。对在公共文化服务中作出突出贡献的公民、法人和其他组织，依法给予表彰和奖励。"第二十五条规定："国家鼓励和支持公民、法人和其他组织兴建、捐建或者与政府部门合作建设公共文化设施，鼓励公民、法人和其他组织依法参与公共文化设施的运营和管理。"第二十九条第二款规定："国家鼓励经营性文化单位提供免费或者优惠的公共文化产品和文化活动。"第三十七条第一款规定："国家鼓励公民主动参与公共文化服务，自主开展健康文明的群众性文化体育活动；地方各级人民政府应当给予必要的指导、支持和帮助。"第四十二条规定："国家鼓励和支持公民、法人和其他组织通过兴办实体、资助项目、赞助活动、提供设施、捐赠产品等方式，参与提供公共文化服务。"第四十三条第一款规定："国家倡导和鼓励公民、法人和其他组织参与文化志愿服务。"

综合而言，社会力量参与公共文化服务的主体，主要包括以下几种类型：第一类是企业，包括公有制企业、私营企业、各种混合所有制企业；第二类是非营利性社会组织，包括社会团体、慈善机构、合作协会、经营者协会等；第二类是学校、社区等不直接承担政府公共文化职能的公益单位；第四类是个体。[①] 不同类型的社会力量主体，在参与公共文化服务时具有不同的特征，并形成了不同类型的模式。

（一）企业

企业作为一种重要的社会力量主体，在参与公共文化服务时发挥着十分重要的作用。企业参与公共文化服务体系的建设，不仅有利于提升公共文化服务的质量；还有利于企业提升自我影响力，在承担社会责任的过程中实现双赢的目标。特别是在以休闲娱乐活动为主要形式的准公共文化产品的供给方面，相较于政府公共文化服务部门，企业具有更为明显的优势。在现阶段，企业通过多种多样的形式，比如赞助、捐赠、扶持等，参与到公共文化服务体系建设中去，探索了企业参与公共文化服务体系建设的多元路径。

总体来看，企业参与公共文化服务主要包括四种类型：一是直接参与。企业通过对公共文化产品及服务的生产与供给，直接介入公共文化服务的供给过程。二是承接项目。在合同契约的基础上，企业承接政府委托的项目，承担公共文化服务的生产与服务过程。三是资助参股。在社会责任的理念下，企业以参股的方式，投资政府兴建的文化设施，或者资助群众文化活动。四是影响政府政策。企业通过引导国家政策及法律法规的制定，来影响政府的公共文化决策。[②] 必须注意到，企业等市场主体最基本的特征是"营利"。但是，企业所提供的文化产品一旦经由政府购买环节，其性质就要求转化为市场主体受政府委托向公众提供公共或准公共文化产品，原有"营利"性质和目的必须转化为"公共"性质和"公益"目的。[③] 一方面，要鼓励企业等市场主体积极参与公共文化服务，承担其应有的社会责任；另一方面，又要防止步入"一买就灵"，通过购买服务而"甩包袱""推责任"的误区。

企业通过市场化机制以免费或低价方式向消费者提供服务产品，不仅能满足人民群众多元化、个性化的需求，也弥补了政府服务部门服务产品单一的问题，进而通过竞争的形式激发公共文化服务机构的活力。不同类型的企业，在参与公共文化服务体系建设层面，具有不同的动机及模式，比如公有制企业，相较于私营企业及各种混合所有制企业，由于单位体制的影响，其或多或少都承担着部分公共服务的职能，其在公共文化服务领域也发挥着很大的作用，特别是在公共文化服务社会化的大背景下，一些公有制企业也加快了企业内部公共文化服务设施免费开放的步伐，进一步促进了公共文化服务的均等化发展。

① 荆晓燕、赵立波：《社会力量参与公共文化服务体系建设研究》，载《中共福建省委党校学报》，2015(5)。

② 刘文俭：《公民参与公共文化服务体系建设对策研究》，载《行政论坛》，2010(3)。

③ 巫志南：《为社会力量参与公共文化服务提供指引和路线图》，载《中国财经报》，2015-04-23。

（二）非营利组织

非营利组织(NPO)作为社会力量的重要主体，也是参与公共文化服务的重要力量。在西方发达国家，非营利组织作为公共文化服务的主要供给者，在公共文化的传承与发展等方面，都发挥了十分重要的作用。

在我国，非营利组织参与公共文化服务的时间相对较晚，尽管非营利组织在我国尚处于起步阶段，但在公共文化服务体系建设中，已经发挥了十分重要的作用。类型多样的非营利组织通过与其他社会主体合作，在公共文化服务社会化方面发挥着独特的作用。现阶段，非营利组织主要通过基金会的形式来参与公共文化服务，促进公益性文化事业的发展。随着社会力量参与公共文化服务的不断深化，一些非营利组织也将不断参与公共文化服务产品的供给及生产。

（三）公益单位

社区、高校等公益单位，虽然并不直接承担公共文化服务的职能，但在公共文化服务供给中也发挥着重要的作用。

由于社区是城乡人民群众的日常生活共同体，作为我国基层治理的基本单元，社区和社区组织所提供的公共文化服务与城乡人民群众的日常生活、生产紧密相连，因此更加具有日常性、可及性、便利性、可参与性等优势和特点，可以切实满足所在社区群众的服务需求。[1] 社区在我国社会治理中的独特地位，决定了它是我国公共文化服务体系建设的重要载体，它在满足人民群众娱乐休闲需求、促进先进文化传播及宣传教育等方面，都发挥着不可替代的重要作用。

各级学校等事业单位，在公共文化服务社会化的大背景下，也通过场馆的免费开放，加强与社区公共文化服务设施的共建共享，探索了公共文化服务社会化的新路径。如武汉市洪山区充分利用区域范围内高校众多的优势，借助湖北省第二批公共文化服务体系示范区创建的契机，充分挖掘本地的高校场馆设施等资源，依托"区校共建"等形式，在制度层面加快体制机制的创新，探索了公共文化服务"区校融合"的社会化路径。

（四）个体

个体既是公共文化服务的直接消费者，同时又是公共文化服务的重要参与者。个体参与公共文化服务已经成为十分普遍的现象，但个体参与公共文化服务的广度及深度仍有待提升。

个体参与公共文化服务的形式，主要集中在个人捐助、参与公共文化服务活动、文化志愿服务、参与监督考核等方面。其中，个人捐助主要是个体通过赞助以及资金

---

[1] 吴理财、贾晓芬、刘磊：《以文化治理理念引导社会力量参与公共文化服务》，载《江西师范大学学报(哲学社会科学版)》，2015(6)。

捐助等方式，参与公共文化服务设施建设和公共文化服务活动。在公共文化服务活动中，个体不仅是公共文化服务的享受者，同时也是群众文化的直接创造者和重要参与者。如近几年来活跃于大江南北的广场舞，日益成为我国群众文化发展的一道靓丽风景线，极大满足了人民群众的文化需求。流行于全国各地的广场舞原本就是群众在业余生活中出于自娱自乐的目的而自发组织并渐成规模的。一方面，参与者充分发挥其自身的创造性与主动性积极学习、推广广场舞；另一方面，在跳舞的过程中参与者也获得了身体锻炼、身心愉悦、增强联系、培育公共精神等收益。可以说，广场舞之所以成为现阶段我国群众文化活动的主要表现形式，与其所赋予个体的创造者和享受者的双重身份是息息相关的。

此外，文化志愿服务也是个体参与公共文化服务的重要形式。党的十七届六中全会提出要"壮大文化志愿者队伍，鼓励专业文化工作者和社会各界人士参与基层文化建设和群众文化活动，形成专兼结合的基层文化工作队伍"。这是中共中央第一次明确提出"文化志愿者"概念，并且把文化志愿者作为我国文化建设与文化发展的主力军。自此以后，文化志愿服务日益成为我国公共文化服务的重要组成部分。

从现有的实践来看，福建省厦门市作为我国较早大力推进文化志愿服务的地区，通过将文化志愿者队伍建设作为现代公共文化服务体系建设的突破口和关键点，探索了"政府引导、分层组织、自我管理、提升自我"的厦门文化志愿服务模式，并涌现了一批积极参与公共文化服务的文化志愿服务队伍，探索了发达城市文化志愿服务模式的路径。通过多年的探索和努力，厦门建立了一套涵盖组织、招募、培训、活动、管理等在内的文化志愿服务制度，并搭建了三大平台：全市各个公共文化单位均设立了"文化志愿者之家"；组织骨干培训班，开展文化志愿者培训工作；开通文化志愿者网站，文化志愿服务供需双方各取所需，自助对接，通过制度建设和机制创新推进文化志愿活动持续发展。厦门文化志愿活动在长期的探索中已形成了各具特色的模式，并成为厦门公共文化服务示范区创建中最具活力的支撑。如青年民族乐团专业志愿服务，服务社会、成就自我；广场文化志愿服务，政府搭台、企业唱戏、志愿运作；社区文化志愿服务，一个人带动一群人、一群人带动全社区，自我管理、自我服务。

个体参与监督考核，是公共文化服务社会化的重要表现形式之一，主要是人民群众参与公共文化服务监督考核的过程，以促进公共文化服务效能的提升，如在公共文化体系示范区创建中，引入专家指导制度、"群众满意度"等指标，进而提升社会力量参与公共文化服务的深度及广度。个体参与公共文化服务的监督及考核，是推动公共文化服务效能提升的重要机制，也是公共文化服务社会化的一项重要内容。

三、社会力量参与公共文化服务

一般而言，社会力量参与公共文化服务指政府机构和财政补助事业单位以外的企业、社会组织和个人，不以营利为目的，参与公共文化设施建设、公共文化产品供给、公共文化设施管理运行，面向公众提供免费或低费的公共文化服务。

社会力量参与公共文化服务的关键是正确处理好政府、市场及社会的关系，使三者通过合作共治来促进公共文化服务的发展。社会力量参与公共文化服务也可被视为一种"文化治理"的重要形式。所谓"'文化治理'指的是为文化发展确定方向的公共部门、私营机构和自愿/非营利团体组成的复杂网络"。[①] 2007 年，中共中央办公厅和国务院办公厅联合印发的《关于加强公共文化服务体系建设的若干意见》（〔2007〕21 号）提出，社会力量参与公共文化服务需要增强供给能力，创新运行机制，完善投入机制，将社会力量作为公共文化服务体系的建设主体。党的十八届三中全会颁布的《中共中央关于全面深化改革若干重大问题的决定》明确指出，引入竞争机制，推动公共文化服务社会化发展。鼓励社会力量、社会资本参与公共文化服务体系建设，培育文化非营利组织。2015 年，《关于加快构建现代公共文化服务体系的意见》强调，要坚持社会参与，吸引社会资本投入公共文化领域，鼓励和支持社会力量通过投资或捐助等方式参与公共文化服务体系建设。在政府、社会、市场三位一体的公共文化服务供给格局中，政府主要发挥满足基本公共文化服务需求、保障基本文化权利的作用；社会的主要作用体现在激发不同主体参与公共文化服务的积极性，营造良好的文化氛围；市场则面向多层次的文化需求群体，致力于提供多样化的文化产品和服务。加快鼓励及引导社会力量参与公共文化服务，有利于形成多元主体合作共治的文化服务网络，推动政府从文化管理到文化治理的理念转型。

第二节　社会力量参与公共文化服务的主要特征

总体来看，社会力量参与公共服务具有非营利性、独立性、志愿性、公益性等基本特征。公共文化服务作为公共服务体系中的重要组成部分，公益性、基本性、均等性、便利性是其重要特征。社会力量参与公共文化服务的特征，除了具有一般社会主体的特征外，还有兼具公共文化服务的独有特征。总体来看，社会力量参与公共文化服务主要有如下特征。

一、公益性

公益性是公共文化服务的本质特征，也是社会力量参与公共文化服务的重要特征。公共文化服务具有明显的价值取向，它以保障人民基本文化权益为目标，公益性是其内在特征，必须以社会效益最大化为准则，代表社会的公共利益。公共文化服务的公益性是指公共文化服务不应该以营利为目的，主要以免费或低费的形式供给，具有公

---

① 郭灵凤：《欧盟文化政策与文化治理》，载《欧洲研究》，2007(2)。

益性质，体现公共性的原则。只有坚持公益性原则，才能保证公共文化服务的基本属性。公益性作为社会力量参与公共文化服务的基本属性，要求社会力量在参与公共文化的过程中，坚持社会共有、共享的特征，坚持公共文化服务的公益发展方向，引导社会文化的健康发展。公益性的服务导向，要求社会力量在参与公共文化服务体系建设过程中，正确处理好社会效益与经济效益的关系，必须坚持履行社会责任，特别是企业作为以营利为目的的市场主体，在参与公共文化服务的过程中，需要遵循"社会企业"的理念，在追求企业效益的同时也要承担相应的社会责任，实现企业利益与社会利益的有机平衡。公共文化服务的社会化，并不是将政府的责任推向社会，政府仍然是公共文化服务的责任主体，为保障社会力量参与公共文化服务的公益性特征，需要正确处理文化事业与文化产业的关系，在引入市场竞争机制的过程中，规避市场主体过分追逐利益的天性，在保障政府、市场及社会合作共赢的基础上，坚持公共文化服务适度社会化的原则。

二、自主性

社会力量作为在社会中发育成长的社会主体，自主性是其持续发展的基础。社会力量参与公共文化服务长效体制的建构，有赖于社会化的运作及市场化的力量参与，独立性与自主性是社会力量参与公共文化服务长效发展的内在基础。由于公共文化服务是政府、市场及社会共同向人民提供公共文化产品及服务的制度及系统的综合，基于政府及社会的关系，社会力量参与公共文化服务主要包括三种类型：群众自主型、公私合作型及政府主导型。[①] 但无论是何种参与类型，社会力量的自主性参与都是社会力量参与公共文化服务的重要特征，当然，这种自主性并不是没有限度，而是必须在法律规定范围内合法行动。总体来看，社会力量参与公共文化服务的自主性，主要包括三个层面：一是在参与范围上，社会力量参与公共文化服务的范围呈明显拓展的态势，民办公共文化服务领域的服务对象群体范围在逐步扩大，民办公共文化服务机构开始不断进入之前由公办服务机构服务的领域；二是社会力量参与公共文化服务内容范围在逐步拓展，由非基本公共文化服务向基本公共文化服务延伸，社会力量提供的公共文化服务内容也在不断丰富；三是社会力量参与公共文化服务的产业化道路在逐步拓展，部分民办公共文化服务机构通过产业化、集团化运作，公共文化服务社会化的品牌化、集团化效应日趋显著。

三、互惠性

社会力量参与公共文化服务，不能将其等同于政府提供的基本公共文化服务，而应该根据不同的服务类型，在法律规定的范围内，合理确定社会力量参与公共文化服

---

① 阮可：《公共文化服务的社会力量参与研究》，载《文化艺术研究》，2013(3)。

务的合法利益。根据《公共文化服务保障法》的规定：国家鼓励公民主动参与公共文化服务，自主开展健康文明的群众性文化体育活动；国家鼓励和支持公民、法人和其他组织依法成立公共文化服务领域的社会组织，推动公共文化服务社会化、专业化。通过公益性社会团体或者县级以上人民政府及其部门捐赠财产用于公共文化服务的，将依照有关法律规定享受税收优惠。社会力量参与公共文化服务的过程，必须坚持互惠性的原则，在互利互惠的过程中实现政府与社会的双赢。社会力量参与公共文化服务，在履行社会责任的同时，也应该依法享受相应的权利。在推进公共文化服务社会化的过程中，一方面需要完善各项体制机制建设，给予社会力量与国办文化机构同等待遇，同时赋予民间组织相应的服务职权，在保障公益性的前提下，承认社会力量参与公共文化服务的合法利益。在鼓励民间社会资本参与公共文化服务体系建设的过程中，需要按照"产权明晰，互惠共赢"的原则，建立健全公共文化资源共建共享的服务机制。特别是对于文化志愿服务，政府应探索科学化的考核机制，加强文化志愿服务激励机制建设，形成文化志愿服务的良性互动机制，切实激发文化志愿者服务动力，切实关注志愿者的利益，真正让"受益者成为志愿者，志愿者成为受益者"，构建社会力量参与公共文化服务"互惠"机制及理念。

四、多元性

由于社会力量的主体本身具有多元性，因此不同类型的社会力量，在参与公共文化服务的形式上有很大的不同。社会力量参与公共文化服务的多元性，主要体现在主体的多元化及参与类型的多元性两个层面。社会力量主要包括以下几种类型：企业、非营利组织、公益单位及个体，且每种类型又包括不同的主体。参与类型的多元性是指社会力量参与公共文化服务的形式多种多样，在实践的过程中，各种社会主体在不同的公共文化服务领域都根据实际情况，探索了不同形式的服务模式。根据《公共文化服务保障法》的相关规定，社会力量参与公共文化服务主要包括兴办实体、资助项目、赞助活动、提供设施、捐赠产品、承接政府购买服务、社会化运营、民办公助、志愿者服务及自我（自主）服务等类型。在公共文化设施建设和管理方面，鼓励和支持社会力量兴建、捐建或者与政府部门合作建设公共文化设施，参与公共文化设施的运营和管理，对公共图书馆、博物馆、文化馆等公共文化设施根据其功能定位，可以建立健全法人治理结构，吸收有关方面代表、专业人士和公众参与管理。

第三节　社会力量参与公共文化服务的重要意义

加快公共文化服务社会化，有效地把社会力量引入公共文化服务领域，既是构建现代公共文化服务体系的内在要求，同时也是推进国家文化治理现代化的应有之义。

社会力量通过兴办文化实体、资助文化项目、参与文化活动、提供文化产品等多种形式参与基层公共文化服务，这既是基层公共文化服务发展的内在要求，也是经济社会发展的客观要求，对于发展公益性文化事业，满足人民群众日益增长的文化需求具有重要意义。总体来看，社会力量参与公共文化服务，在丰富公共文化服务及产品供给、激发社会活力、优化公共文化资源配置、倒逼公益性文化机构改进公共文化服务及促进服务型政府建设和政府职能转型等层面，都具有十分重要的理论及实践意义。

一、为民众提供更多更好的公共文化服务

满足人民群众日益增长的文化需求，是我国公共文化服务体系建设的出发点及落脚点，将社会力量引入公共文化服务领域，对于保障人民群众基本文化权益、提高公共文化服务效能和激发多元主体的文化服务积极性都具有重要意义。在当前社会转型的大背景下，随着人民群众生活水平的不断提高，人民群众作为公共文化服务的直接消费者，公共文化服务需求日益呈现多元化、个性化的趋势，随着社会群体的不断分化，依靠单一的政府供给模式已经很难保障这一目的的实现。因此，传统的政府主导下的公共文化服务供给模式，已经不能满足人民群众日益增长的文化需求，公共文化服务供给呈现失衡的状态，加快推动公共文化服务社会化的发展，有利于为民众提供更多更好的公共文化服务，形成多元化公共文化服务供给机制。

通过积极引导社会力量参与公共文化服务体系建设，建立健全政府、市场及社会之间的合作关系，进而实现政府、市场及社会的良好互动，创建合作共治的文化治理体系。在公共文化服务供给侧改革的时代背景下，公共文化服务的社会化有利于解决政府供给与人民需求脱嵌的问题，进而提升公共文化服务效能，更好地满足人民群众日益增长的文化需求。社会力量参与公共文化服务体系建设，涉及政府、市场及社会关系的协调与再造，也是重建基层文化治理体系的内在要求。通过整合公共文化服务资源，积极突破传统的文化发展理念，打破相对封闭的公共文化服务供给体系，有效整合分布在不同部门、分散孤立、用途单一的基层公共文化资源，推进公共文化服务各部门、各层级相互联动，以及人、财、物等资源的统筹利用，有利于建立互联互通的公共文化服务体制机制。同时，通过激发基层文化活动的活力，引入社会力量参与县域公共文化服务体系及村社区综合性文化服务中心的建设，让社会组织与居民积极参与到公共文化服务体系建设中，有利于建构政府、市场及社会的多元合作机制，进而推动基层文化治理体制机制的创新。

二、有效激发社会活力

现代公共文化服务体系的构建，政府、市场与社会三者缺一不可，忽视了任何一方的作用，都不利于公共文化服务社会化的长远发展。在现代公共文化服务体系建设的时代背景下，调动社会力量参与文化建设的热情，形成全社会参与公共文化服务体

系建设的社会环境，引导更多的资源、资金投向文化、兴办文化；充分挖掘蕴藏于人民群众中的智慧，建立全民共建共享的文化发展格局，直接关系到文化的繁荣发展。通过加快基层文化体制改革，充分整合各种文化资源，有效调动及凝聚各种力量参与公共文化服务，有利于充分调动社会各方面的积极性，更好地激发全社会文化创造的活力。

随着国家文化体制的不断变革，社会文化呈现繁荣发展的态势，通过加快激活社会活力，推进社会力量参与公共文化服务体系建设，有利于构建政府主导的文化事业机构与社会化供给主体多元供给的格局。通过引导社会力量参与公共文化服务，加快公共文化服务体制机制的创新，有利于改善基层文化管理体制"越位""缺位"的问题，进而激发社会活力。政府由"办文化"向"管文化"的角色转变，通过采用市场化及社会化的机制来配置资源及供给服务，必须要实现服务提供主体的多元化，进而在充分竞争下形成文化服务的有效性和高质量。[①] 通过引导社会力量参与公共文化服务，为社会力量（特别是民间非营利组织）的培育及发展提供良好的社会环境，在税费减免及政策优惠等层面给予社会力量同等待遇，采取政府向社会组织购买公共文化服务等方式，进而激发社会力量的活力，逐渐拓展各种社会主体参与公共文化服务的空间。因此，充分调动社会力量参与公共文化服务的积极性，让全社会都参与公共文化服务体系的建设，引导各种社会资源参与公共文化建设，加快形成有利于文化创新发展的社会环境，建立健全共建共享的文化发展格局。

同时，社会力量参与公共文化服务是转变政府文化职能的需要。在服务型政府理念的引领下，政府将由以往的"办文化"向"种文化"的角色转变。政府文化职能将集中在文化资源配置、文化管理协调等方面发挥主导作用，重点在于提高文化服务领域的规划编制、项目策划、资金和资产管理水平。在政府进一步简政放权的基础上，具体的文化服务事务将交给社会和企业负责，从而使政府从微观的文化服务事务中抽离出来，更好地发挥政府文化服务职能。同时，政府让渡的公共文化服务空间，也有利于文化类社会组织和相关企业的进入。政府主要精力将放在相对宏观层面的规划、协调、监管等事项方面。通过让渡生长空间、给予政策和资金支持，充分调动社会力量参与文化建设，培育公益性文化类社会组织，有利于社会力量的培育及发展。

也就是说，社会力量参与公共文化服务是充分调动多元主体积极性、激发文化建设活力的过程。推进文化体制的改革发展，满足人民群众文化需求，需要整合各种资源，凝聚各方面力量。更好地调动社会各方面的巨大热情，让更多的人关心、参与文化建设；加快形成有利于文化创新创造的社会环境，引导更多的资源资金投向文化、兴办文化；更好地挖掘蕴藏于人民群众中的智慧，建立全民共建共享的文化发展格局，这些都直接关系着文化的繁荣发展，直接关系着人民基本文化权益的保障和实现。通

---

① 李国新：《激活社会力量参与公共文化服务》，载《经济日报》，2015-01-16。

过采取更加积极有效的措施，引导和鼓励社会力量参与公共文化服务，必将最大限度地动员全社会的力量，最大限度地发挥方方面面的积极性与主动性，为人民群众提供更多更好的文化产品和服务。

三、优化公共文化资源配置

加快社会力量参与公共文化服务体系建设，充分发挥市场及其他社会主体在资源配置中的作用，有利于优化公共文化服务资源的配置，加快公共文化服务资源的整合与共享，进而构建现代公共文化服务体系。

经过多年的探索与实践，我国公共文化服务体系建设取得了很大成就，覆盖城乡的公共文化服务网络体系初步形成；但与经济发展的进程和水平相比，与城乡群众日益增长的精神文化需求相比，我国公共文化服务体系建设整体上还比较滞后，还存在诸多制约公共文化服务体系科学发展的突出矛盾和问题。在当前我国公共文化服务体系建设过程中，存在严重的区域失衡问题，要优化公共文化服务资源在各区域的合理配置，而这单靠政府的力量是远远不够的，需要进一步引导社会资本、民间组织参与到公共文化服务体系建设中。总体来看，我国公共文化服务体系建设存在两个突出问题和一个矛盾：城乡之间公共文化服务资源配置不均衡问题，城乡基层公共文化服务资源匮乏问题；刚性公共文化服务供给与民众弹性需求之间的矛盾。这就导致城乡之间、不同群体之间文化发展不平衡。① 我国公共文化资源空间配置的不均衡性，导致基层群众、偏远地区的群众、流动务工人员的公共文化需求没有得到很好的满足。通过加快公共文化服务社会化步伐，推动公益性文化场馆、"单位"的公共文化资源向社会大众免费开放，城市社区的公共文化服务设施向外来务工人员免费开放，建构包容共享性公共文化服务资源配置体系。通过设立文化基金、引导企业、社会组织、个人积极参与公共文化服务体系建设，有利于打破政府条块分割的体制弊端，推动公共文化服务资源合理配置，促进文化资源合理流动、竞争，进而提升公共文化服务效率。

同时，通过盘活社会化的服务资源，实现公共文化服务资源的互惠共享，避免部分资源存在闲散、重复建设等低效浪费等问题，有利于强化公共文化服务体系末端，建立健全县、乡(镇)、村(社区)三级公共文化服务网络体系，打通公共文化服务的"最后一公里"，将公共文化服务体系建设有效延伸到村(社区)。拓宽社会主体参与公共文化服务体系建设的路径，将具备服务资质的企业、社会组织及其他社会主体纳入公共文化服务供给过程，通过市场竞争机制打破传统政府主导供给的格局，有利于提升公共文化服务效能，进一步优化公共文化服务资源配置。要解决基层公共文化服务体系不完善、效能不高的问题，需要加快公共文化服务供给侧改革，加强社会力量参与公共文化服务体系建设，将基层作为公共文化服务体系建设的重点方向，引导社会力量

---

① 吴理财：《增强公共文化服务的可及性》，载《人民日报》，2015-11-24。

参与基层公共文化服务设施建设，这样才能破解当前公共文化服务体系建设的"软肋"，进一步缩小城乡二元差距，让全体居民更好地享受均等化的公共文化服务。

四、倒逼公益性文化机构改进公共文化服务

现代公共文化服务体系的建设，要求切实提升基层公共文化服务的效能。在"新公共服务"理论看来，"政府服务的是公民，而不是顾客，公共行政是以公民为中心、追求公共利益的治理过程"[①]。政府除了要实现公共文化服务供给的绩效目标外，更应该对公众的需求做出回应。将社会力量引入公共文化服务体系建设之中，有利于倒逼公益性文化机构改进公共文化服务，进而提升公共文化服务效能。

由于我国长期以来受计划经济体制的影响，公共文化服务主要依靠各级文化部门自上而下组织和开展，在基层则主要依靠文化馆（站）等公共服务机构，社会力量参与较少。改革开放以前，政府是公共文化服务的唯一生产者与供给者，并形成了"政府行政性生产"公共文化服务的供给模式[②]。改革开放后，随着市场经济的发展和人们对公共文化服务需求量的增长以及需求种类的多样化，单靠政府单一主体提供公共文化服务已经无法适应社会的发展需求，公共文化服务领域的"政府行政性生产"的供给模式开始出现松解端倪，政府购买成为推动公共文化服务市场化、民营化和社会化的主要手段。但受历史影响及文化管理体制改革阶段性因素的限制，目前政府购买公共文化服务的对象仍以体制内的较为单一的公共文化事业单位为主，而这类单位一般缺乏参与市场竞争的动力，创新能力有限，因此，政府这种公共文化服务的购买不仅可能造成公共财政支出的浪费，还可能会进一步挤压文化社会力量的发展空间，加重文化社会组织的"后天畸形"[③]。同时，公共文化需求的表达、选择和评估渠道的缺失造成当前我国公共文化服务供给模式带有单向投入的色彩，导致许多政府部门提供的公共文化服务在现实中缺乏竞争力，造成服务的供给与需求脱节、公共文化服务机构服务效能低下及产品服务单一等一系列问题。在公共文化服务供给层面，通过放宽准入门槛，引入竞争机制，引导社会力量参与公共文化服务，有利于推动各类具备资质、符合条件的文化企业和社会机构开展公平竞争，通过竞争促进公共文化服务水平不断提高。通过完善政府购买制度，将社会力量有效引入公共文化服务体系建设，把公共文化服务供给从文化系统"内循环"转变为社会"大循环"，倒逼政府服务部门加快自身变革，在竞争中不断提升自我及提高服务质量。通过加快公共文化服务社会化的路径，可以倒逼公益性文化机构改进公共文化服务，进而提升公共文化服务效能。通过引入市场竞争机制及志愿服务参与机制，将市场效率及质量管理等引入政府公共文化服务体系

---

① ［美］珍妮特·V. 登哈特、罗伯特·B. 登哈特：《新公共文化服务：服务，而不是掌舵》，丁煌译，6页，北京，中国人民大学出版社，2014。

② 李山：《政府购买：公共文化服务供给模式的现代转向》，载《地方财政研究》，2015(4)。

③ 纪东东、文立杰：《公共文化服务供给侧结构性改革研究》，载《江汉论坛》，2017(11)。

建设过程之中，推动政府进行自我改造，全面提升服务效率，充分借助科学化的管理方式，推动公共文化服务体系建设的提档升级。

五、促进服务型政府建设和政府职能转变

通过推动公共文化服务社会化发展，界定政府、市场及社会在公共文化服务中的边界与责任，有利于实现政府、市场及社会三者关系的互动。公共文化服务社会化需要政府变革现行的服务供给模式，由回应性政府转变为前瞻性政府，由垄断型政府转变为合作型政府，由管制型政府转变为法治型政府，以创造公共价值作为政府的职能，以合作的网络治理作为公共价值实现手段。推进社会力量参与公共文化服务，积极培育及发挥社会力量在公共文化服务体系建设中的作用，有利于推动政府从全能型政府向有限型政府转型，进而推动政府职能转变及服务型政府建设。

在党的十八届三中全会提出"国家治理体系与治理能力现代化"这一时代性命题以后，要求建立健全政府、社会、人民之间的平等、合作与协商关系，构建现代化的、多元化的社会治理体系，而将社会力量引入公共文化服务体系建设之中，正是顺应国家治理现代化这一时代命题的重要体现。在传统公共文化服务供给领域，政府掌握了公共文化服务供给的垄断权，导致了"政府出钱办，群众围着看"的悖论，基层公共文化服务效能低下，严重影响了服务型政府的建设。通过引导社会力量参与公共文化服务体系建设，有利于推进政府与社会力量在合作中共同发展，进而改变传统政府大包大揽、全面介入文化服务领域的格局，实现公共文化服务供给主体的多元化发展。在社会力量参与公共文化服务的过程中，政府不再作为公共文化服务的唯一供给者，进而推动政府更好地履行自我职责，充分发挥文化管理职能，从不该管、管不好的领域中抽离出来，以进一步改善文化治理现状，提升文化治理能力。通过改变政府过去统包统揽的模式，充分调动各种社会力量积极参与公共文化服务的供给，实现公共文化服务提供主体和提供方式多样化，形成政府主导、社会参与、多元投入、协力发展的新格局，构建政府与社会合作共治的文化治理机制，提升公共文化服务的供给能力和水平，促进服务型政府建设和政府职能转变。

第二章　社会力量参与公共文化服务的政策演进

随着经济的不断发展，生活水平的不断提高，人们对精神文化生活的需求也日益增长，并以多样化、层次化的样态呈现出来，而公共文化服务既是保障人民基本文化权益的主要方式，也是满足人民美好文化生活需求的基本手段。因此，公共文化服务效能的有效发挥体现为公众对公共文化服务的满意度和参与感，而鼓励和引导社会力量参与公共文化服务的供给和建设工作是实现这一目标的重要途径。在国家推进公共文化服务体系建设的政策进程中，对于社会力量的地位和作用认知也经历了一个不断深化的过程。

第一节　社会力量参与公共文化服务的政策演变

公共文化服务体系建设在我国从提出到实施也不过十几年的时间，但国家对其的重视程度不断提升，尤其是党的十八大以来，以习近平同志为核心的党中央将加快构建现代公共文化服务体系纳入"四个全面"战略布局，明确提出到2020年公共文化服务体系基本建成，现代公共文化服务体系建设步入了发展的快车道，关于公共文化服务领域的法律法规及政策文件在这几年内不断增长与完善，其中关于社会力量参与公共文化服务的政策也不断更新，尤其表现在公共文化服务供给主体、供给方式和管理运行方面。公共文化服务政策的演变过程向我们展现了从公共文化服务供给主体到供给方式至管理运行机制等方面的内容与变化，国家对社会力量在其中的地位与作用的认知经历了一个不断深化的过程，可以说是由浅入深，由表及里，渐次而行。

一、公共文化服务供给主体多元化

早在2002年，文化部、国家计委和财政部联合印发的《关于进一步加强基层文化建设的指导意见》中，就强调了民间文化队伍在基层公共文化建设中的作用。该意见指出，鼓励民办社会文化团体、民办文化类非企业单位和文化经营户采取多种方式拓宽文化服务渠道，发挥民间艺人在活跃基层文化生活中的作用，肯定了社会文化组织和民间艺人在提供公共文化服务方面的积极作用。2003 年，在国务院颁布的《公共文化体育设施条例》中，明确规定鼓励企业、社会团体、事业单位和个人等社会力量提供公共文化体育设施，提倡动员社会力量为公共文化建设提供物质支持。2006 年，《国家"十一五"时期文化发展规划纲要》首次明确提出积极引导社会力量提供公共文化服务，指出，支持民办公益性文化机构的建立与发展，鼓励社会力量捐助和兴办公益性文化事业及机关、企业和学校的文化设施向社会开放，发挥文化志愿者在社区文化活动中的积极作用。[1] 此后，在"十二五"及"十三五"文化发展规划纲要中都明确提出，要引导社会力量参与公共文化服务，尤其肯定了基层文化队伍在公共文化服务供给中的积极作用，明确指出支持社会力量兴办具有公益性质和准公益性质的乡村文艺俱乐部、社区文化组织、民间文艺协会、群众文艺团队等基层文化组织。民营文化企业在公共文化服务中的作用在 2014 年由文化部、工业和信息化部、财政部联合印发的《关于大力支持小微文化企业发展的实施意见》中得到了进一步显现。该意见对小微文化企业参与公共文化服务给予了明确的政策优惠。支持民营文化企业参与公共文化服务，鼓励社会团体积极开展公共文化活动，有利于发挥市场优势，增强社会活力，构建政府、市场、社会共同参与公共文化服务体系建设的格局。

总体而言，在公共文化服务供给主体方面的政策趋势是在强调政府主导的同时，鼓励和支持个人、企事业单位和其他社会组织通过提供公共文化服务设施、捐赠产品、开展公共文化活动及公共文化志愿服务等多种途径参与到公共文化服务体系建设中来，形成共建共享的公共文化服务网络。

二、公共文化服务供给方式多样化

为了实现公共文化服务供给的有效性和针对性，切实满足民众的文化生活需求，需要改变过去由政府部门提供公共文化服务的单一模式，实行在政府主导之下，引入民间资本、社会团体、群众自办等多渠道、多层次的供给方式，提升公共文化服务效能，国家在这方面也出台了相应的规定与办法。

政府与社会资本合作式供给模式。民众公共文化需求不一，政府一元化供给模式不仅消耗大量公共财政，而且无法保证公共文化服务的质量。在政府主导之下，引入市场竞争机制，鼓励社会资本进入公共文化服务领域，有利于推进政府职能转变，促进政府由"办文化"转向"管文化"，以便能够更好地满足民众公共文化需求，从而提升民众对公共文化服务的满意度。2012 年，文化部印发《关于鼓励和引导民间资本进入文化领域的实施意见》明确指出，鼓励民间资本通过捐助机构、资助项目、赞助活动、提供设施等形式参与公共文化服务体系建设，同时，在公共文化服务政府采购制度之下，

---

① 《国家"十一五"时期文化发展规划纲要(全文)》，载《人民网》，2006-09-13。

鼓励民间资本通过投招标等方式参与基础文化设施建设、公共文化产品创作生产、公益性文化产品和服务供给、重大文化惠民工程、重大公益性文化活动和其他公共文化服务。① 2015 年，政府公共文化服务采购制度进一步健全，文化部等部门在政府向社会购买公共文化服务方面出台了具体意见，指出，到 2020 年在全国基本建立比较完善的政府向社会力量购买公共文化服务体系，在购买主体、承接主体、购买内容等方面做了具体的规定与介绍，并进一步制定了包括公益性文化体育产品的创作与传播，公益性文化体育活动的组织与承办，中华优秀传统文化与民族民间传统体育的保护、传承与展示，公共文化体育设施的运营和管理，民办文化体育机构提供的免费或低收费服务五大类别在内的政府向社会力量购买公共文化服务指导性目录，在承接主体确定方面，采用公开招标、邀请招标、竞争性谈判、竞争性磋商、单一来源等方式，并采取购买、委托、租赁、特许经营、战略合作等各种合同方式实现政府与社会资本共同供给公共文化服务。② 2018 年 11 月，文化和旅游部及财政部联合发文，对在文化领域推广政府和社会资本合作模式进行了详细规范，第一次以专项发文的形式对 PPP 模式③的指导思想、基本原则、推广领域、项目实施及政策保障等各项内容予以明确界定，为在文化领域实施 PPP 模式提供了指导方针。该指导意见指出，PPP 模式的推广领域重点包括但不限于具有一定收益性的文化产业集聚发展、特色文化传承创新、公共文化服务、非物质文化遗产保护传承以及促进文化和旅游、农业、科技、体育、健康等领域深度融合发展的文化项目；在项目实施方面，对项目运作、运营核心、回报机制、项目的生命周期监管及信息公开等内容做了详细的说明；在政策保障方面，强调各级文化部门、财政部门要积极协调配合，探索建立跨部门的 PPP 工作协调机制以强化 PPP 项目的组织保障；在资金保障上，建议通过设立文化 PPP 投资基金、灵活运用债券和资产证券化等融资方式以及发挥文化金融服务中心的作用等以丰富金融支持手段，为 PPP 项目的开展提供切实、可持续的物质基础。④

群众自主供给模式。公共文化服务最终的受益对象是广大民众，而在开展群众文化活动方面民众也应是参与主体，发挥民众在群众文化活动中的主体作用能够有效提高公众对公共文化服务的参与感，保障公共文化活动的持续性供给。2017 年，文化部在《关于印发〈"十三五"时期繁荣群众文艺发展规划〉的通知》中指出，要扶持和引导群

---

① 《文化部关于鼓励和引导民间资本进入文化领域的实施意见》，http://www.gov.cn/gongbao/content/2012/content_2245515.htm，2020-08-06。

② 《国务院办公厅转发文化部等部门〈关于做好政府向社会力量购买公共文化服务工作意见〉的通知》，http://www.gov.cn/zhengce/content/2015-05/11/content_9723.htm，2020-08-06。

③ PPP(Public-Private Partnership)，又称 PPP 模式，即政府和社会资本合作，是公共基础设施中的一种项目运作模式。

④ 《文化和旅游部财政部关于在文化领域推广政府和社会资本合作模式的指导意见》，http://zwgk.mct.gov.cn/auto255/201811/t20181123_836209.html?keyword，2020-08-06。

第二章　社会力量参与公共文化
服务的政策演进

众自办文化活动，对于群众自发开展的各式文艺活动如广场舞、街舞及合唱等予以规范引导，促进其健康有序发展；同时，鼓励业余文艺团队自发开展活动，发挥文化大院、文化中心户、文化带头人在社区文化活动组织与开展中的积极作用，加快实现由政府"送文化"向百姓"种文化"的转变。①

社会力量志愿供给模式。引导社会组织提供公益性公共文化服务，汇集社会各界之力参与公共文化服务是促进公共文化服务专业化、社会化的重要途径，对整合公共文化资源、节约公共文化资金、开展公共文化活动具有重要意义。社会力量志愿参与公共文化服务的主体涵盖了党政机关、企事业单位、社会组织、个人各个层次。于企事业单位而言，如展览馆、科技馆、工人文化宫（俱乐部）、青少年宫等国有文化单位以及大型企业、科研院所、高等院校可以通过开展公益性文化活动或向社会公众免费提供公共文化设施等方式参与公共文化服务②；对于个人来说，积极参与公共文化服务志愿活动是推进全民共建公共文化服务体系的重要方式，因此，政府在文化志愿活动方面予以了高度重视。为推动文化志愿活动有序开展，保障文化志愿者的基本权益，2016 年文化部印发了文化志愿服务管理办法的通知，对文化志愿者及组织单位的服务范围、激励和保障措施等进行了明确的规定；同时开展了"春雨工程""大地情深""阳光工程""文化惠民　为您服务""精彩生活　幸福使者""邻里守望　文化暖心"等数十个项目在内的基层文化志愿服务活动，丰富了基层公共文化服务的种类与内容。③ 除此之外，基本上每年都会提出年度文化志愿服务工作方案，以更好地落实、促进文化志愿服务制度化、常态化、规范化。如 2019 年文化志愿服务涵盖了以新时代文明实践中心志愿服务、边疆民族地区志愿服务、基层公共文化机构志愿服务和文明旅游志愿服务为重点内容的"春雨工程"、以中西部农村文化志愿服务为中心内容的"阳光工程"以及针对农村未成年人的文化志愿服务计划"圆梦工程"，为 2019 年度的文化志愿服务工作奠定了总基调，提供了工作指南。④

三、公共文化服务管理机制社会化

提升公共文化服务效能贯穿于"建管用"全过程，而公共文化服务的管理是其中的关键环节，有效的管理机制不仅能够保持公共文化服务项目的长效运转，还是发挥群

① 《文化部关于印发〈"十三五"时期繁荣群众文艺发展规划〉的通知》，http：//zwgk. mct. gov. cn/auto255/201705/t20170510_494368. html，2020-08-06。

② 《文化部关于印发〈文化部"十二五"时期公共文化服务体系建设实施纲要〉的通知》，https：//zwfw. mct. gov. cn/zcfg/zcfgDetail? uuid＝125，2020-08-06。

③ 《文化部、中央文明办关于开展 2016 年文化志愿服务工作的通知》，http：//zwgk. mct. gov. cn/auto255/201603/t20160316_474849. html。

④ 《文化和旅游部　中央文明办关于印发〈2019 年文化和旅游志愿服务工作方案〉的通知》，ht-tp：//zwgk. mct. gov. cn/auto255/201903/t20190326_837962. html? Keywords＝，2020-08-06。

众公共文化服务建设主体性与创造性的重要手段。实现公共文化服务供给与需求的有效对接是提高民众公共文化服务满意度的关键，这方面政府在 2013 年便提出要探索建立群众文化需求反馈机制，尊重群众的表达权和参与权，提高公共文化服务的有效性和针对性。① 此后，在公共文化服务提供上采取"订单式""菜单式"方案不断出现在公共文化服务的政策文件当中，这是公共文化服务建设方面社会化的重要体现。

2015 年，由国务院办公厅发布的《关于推进基层综合性文化服务中心建设的指导意见》中明确提出鼓励群众参与建设管理及探索社会化建设管理模式。引导居民参与村（社区）综合性文化服务中心的建设使用，在基层综合性文化服务中心建设发展的重要事项上充分听取群众意见和建议，强化群众主体性；城市地区可开展社会化运营试点，通过委托或招投标等方式吸引有实力的社会组织和企业参与基层文化设施的运营。② 为推进公共文化服务管理机制的健全与完善，2017 年 8 月中共中央宣传部、文化部、财政部等七部门联合发布了《关于深入推进公共文化机构法人治理结构改革的实施方案》，旨在推动公共文化机构建立以理事会为主要形式的法人治理结构，形成多元治理格局，进一步提升管理水平和服务效能。该方案指出，鼓励有关方面代表、专业人士、各界群众按章程规定进入理事会，参与决策、管理、运营和监督；以捐资、捐赠等形式支持公共文化机构建设的企业、社会组织和其他社会力量，符合条件的可以选派代表参加理事会；同时，建立反映公众需求的征询反馈制度、有公众参与的考核评价制度，推动公共文化服务机构创新服务方式。③

目前来看，在公共文化服务社会化管理方面的政策处于初始阶段，在实践中尚处于探索与试点时期，但近几年出台的政策文件都在不断强化这一表述，表明政府对公共文化服务社会化的认知程度不断提高，对推进公共文化服务管理社会化的信心不断增强，显示出政府对于发挥社会力量在公共文化服务体系建设中的作用的重视。

第二节　社会力量参与公共文化服务的法律规定

现阶段，我国关于公共文化服务方面的立法还较为薄弱，存在立法总量偏少，层次偏低等问题，影响较为显著的是 2017 年 3 月施行的《公共文化服务保障法》及 2018 年

---

① 《文化部关于印发〈文化部"十二五"时期公共文化服务体系建设实施纲要〉的通知》，https://zwfw.mct.gov.cn/zcfg/zcfgDetail? uuid＝125，2020-08-06。

② 《国务院办公厅关于推进基层综合性文化服务中心建设的指导意见》，http://zwgk.mct.gov.cn/auto255/201510/t20151020_474831.html，2020-08-06。

③ 《中共中央宣传部、文化部、中央机构编制委员会办公室、财政部、人力资源社会保障部、国家文物局、中国科学技术协会关于印发〈关于深入推进公共文化机构法人治理结构改革的实施方案〉的通知》，http://zwgk.mct.gov.cn/auto255/201709/t20170913_692838.html，2020-08-06。

1月施行的《中华人民共和国公共图书馆法》（以下简称《公共图书馆法》），尤其以《公共文化服务保障法》意义最为重大，其表明我国公共文化服务体系建设进入了一个新的阶段，人民群众基本文化权益和基本文化需求实现了从行政性"维护"到"法律"保障的新跨越①，为民众精神文化需求的满足提供了法律保障，同时表明我国的文化法律体系不断完善，为各级政府推进文化治理能力现代化提供了法律依据。在社会力量参与公共文化服务方面也进行了明确的法律规定，具体表现在以下几个方面：对社会力量自主自办的群众性文化活动予以鼓励和支持；鼓励企事业单位、社会组织及个人等社会力量依法参与公共文化设施的运营和管理工作；倡导民间资本捐赠、兴建或与政府合作建设公共文化基础设施；鼓励和支持社会力量通过兴办实体、资助项目、赞助活动、提供设施、捐赠产品等方式，参与提供公共文化服务；鼓励依法成立公共文化服务领域的社会文化组织，提高公共文化服务的专业化与社会化水平；鼓励和支持机关、学校、企事业单位的文化体育设施向公众开放。② 其后颁布的《公共图书馆法》在社会力量参与公共图书馆建设方面也都是围绕这几个层面而做出的规定。

一、社会力量参与公共文化设施的建设与管理

《公共文化服务保障法》第十五条规定，公共文化设施的选址，应当征求公众意见，符合公共文化设施的功能和特点，有利于发挥其作用；第二十三条规定，应当建立有公众参与的公共文化设施使用效能考核评价制度；第二十四条指出，国家推动公共图书馆、博物馆、文化馆等公共文化设施管理单位根据功能定位建立健全法人治理结构，吸收有关方面代表、专业人士和公众参与管理；第二十五条明确提出，国家鼓励和支持公民、法人和其他组织依法参与公共文化设施的运营和管理。《公共图书馆法》也规定在考核公共图书馆提供服务的质量和水平方面，应吸收社会公众参与，在建立健全公共图书馆法人治理结构方面，应吸收有关方面代表、专业人士和社会公众的参与。

二、社会力量参与公共文化服务的提供

在公共文化服务提供方面，《公共文化服务保障法》第二十九条指出，公益性文化单位应当完善服务项目、丰富服务内容，创造条件向公众提供免费或优惠的文艺演出、陈列展览、电影放映、广播电视节目收听收看、阅读服务、艺术培训等，并为公众开展文化活动提供支持与帮助；国家鼓励经营性文化单位提供免费或优惠的公共文化产品和文化活动。第三十二条规定，国家鼓励和支持机关、学校、企业事业单位的文化体育设施向公众开放。在倡导企事业单位向社会免费提供公共文化服务的同时，《公共文化服务保障法》也鼓励群众自主开展文化体育活动，丰富精神生活，要求地方政府对

---

① 《公共文化服务探索不断，亮点频出》，载《搜狐网》，2017-07-06。
② 许安标：《构建公共文化服务体系　提高公共文化服务效能》，载《中国人大》，2017(4)。

于民众自主开展的健康文明的群众性文化体育活动予以必要的指导、帮助和支持。对于不同的主体，如居民委员会、村民委员会、社会组织、企业事业单位、国家机关等结合自身特点和实际自主开展的群众性文化体育活动予以鼓励和支持。同时，《公共文化服务保障法》第四十三条明确规定，国家鼓励公民、法人和其他组织参与文化志愿服务，旨在动员和调动全社会力量参与公共文化服务活动的积极性与创造性。《公共图书馆法》在推动社会力量参与公共图书馆服务提供方面的规定也基本上体现了这些方面，如第六条规定，国家鼓励公民、法人和其他组织依法向公共图书馆捐赠；第四十六条规定，国家鼓励公民参与公共图书馆志愿服务；第四十八条规定，国家支持学校图书馆、科研机构图书馆及其他类型图书馆向社会公众开放。

三、简评社会力量参与公共文化服务的法律规定

毋庸置疑，《公共文化服务保障法》的出台标志着我国公共文化服务体系建设迈进了一个新台阶。在社会力量参与公共文化服务方面，该法强调鼓励和支持社会直接参与、自主参与和依法参与公共文化服务，具体表现在鼓励和支持社会参与提供公共文化服务、倡导社会参与文化志愿活动、鼓励社会捐助公共文化服务、提倡社会资本捐助及投入公共文化服务、鼓励社会组织提供社会化公共服务。[①] 但相比其他领域而言，我国公共文化服务领域的立法相对滞后，其规定也都是原则性的，在可操作性上存在一定的缺陷，这一特点表现在社会力量参与公共文化服务的规定上尤为明显。不论是《公共文化服务保障法》还是《公共图书馆法》在关于社会力量参与公共文化服务建设与管理及提供方面，都是以"鼓励和支持"等较为原则性的话语呈现，如何使社会力量参与公共文化服务流程、方案、措施具体化等还缺乏较为明确的法律规定。从世界范围内来看，发达国家在公共文化方面的法律不仅有综合性的起指导作用的法律，如日本的《社会教育法》和《文化艺术振兴基本法》，韩国的《文化基本法》《地区文化振兴法》《文化艺术振兴法》；还有各种针对博物馆、公民馆等公共文化机构的专门法律。目前我国公共文化领域的法律仅有《文物保护法》《非物质遗产法》及近些年施行的《公共文化服务保障法》《公共图书馆法》，其他公共文化专门法律几乎是空白状态。[②]

因此，加快公共文化领域专门立法，尤其是社会力量参与公共文化服务方面的专门性法律显得尤为必要，对规范社会力量参与公共文化服务的流程、方式方法和内容进行详细界定，为社会参与公共文化服务提供基本的法律依据，以文化治理理念引导公众参与公共文化服务，有利于激发社会参与公共文化服务的热情，发挥社会活力，提升公共文化服务效能。

---

① 程焕文：《论〈公共文化服务保障法〉立法精神——国家和政府的公共文化服务责任解析》，载《图书馆论坛》，2017(6)。

② 李国新：《强化公共文化服务政府责任的思考》，载《图书馆杂志》，2016(4)。

第二章　社会力量参与公共文化
服务的政策演进

第三节　社会力量参与公共文化服务的政策配套

公共文化服务体系建设是一个系统工程，需要相应的配套政策才能够保证公共文化服务长效供给。因此，建立政府主导、社会参与、重心下移、共建共享的公共文化服务体系，发挥社会力量在公共文化服务中的积极作用需要政府在文化体制改革、人才队伍建设、财政支出等方面建立相应的配套政策，为社会力量参与公共文化服务提供支撑。

一、深化文化体制改革，筑牢机制基础

2005 年年底，中共中央办公厅、国务院办公厅下发《关于深化文化体制改革的若干意见》，第一次对文化体制改革做出重大部署。为深入推进文化体制改革，2008 年文化部出台《关于进一步深化文化系统文化体制改革的意见》，对艺术表演团体改革、文化事业单位改革提出了要求，明确鼓励社会资本以投资、参股、控股、兼并、收购等形式，参与国有艺术表演团体的公司制改建；支持民营艺术表演团体发展，要求公共图书馆、博物馆、文化馆(站)、群众艺术馆、美术馆、承担公益性任务的艺术研究机构等单位深化人事、分配制度改革，完善法人治理结构。① 2011 年 10 月第十七届中央委员会上通过《中共中央关于深化文化体制改革、推动社会主义文化大发展大繁荣若干重大问题的决定》，对文化体制改革做出了进一步的规定。该决定指出，深化国有文化单位改革，以建立现代企业制度为重点，加快公司制股份制改造，完善法人治理结构，使其成为合格的市场主体；创新文化管理体制，推动政企分开、政事分开，理顺政府和文化企事业单位的关系，强化政府政策调节、市场监管、社会管理、公共服务职能，加快政府职能转变。此后，在国家"十二五""十三五"文化发展改革规划纲要中都强调了完善文化体制的要求，旨在建立健全党委领导、政府管理、行业自律、社会监督、企事业单位依法运营的文化体制机制。② 为加快文化体制改革的步伐，国务院在 2018 年 12 月对经营性文化事业单位改制为企业的相关规定发布了相关通知，对公司制股份制改革的具体内容做了相关规定，同时对改制后的企业国有文化资产管理、收入分配、社会保障、人员安置及财政税收等方面予以详细规范，为经营性文化事业单位转制为企业提供了切实的指导方针并规定了具体的执行期限，保障了文化体制改革工作的顺

---

① 《文化部关于进一步深化文化系统文化体制改革的意见》，https://zwfw.mct.gov.cn/zcfg/zcfgDetail? uuid=204，2020-08-06。

② 《中共中央办公厅、国务院办公厅印发〈国家"十三五"时期文化发展改革规划纲要〉》，http://www.gov.cn/xinwen/2017-05/07/content_5191604.htm，2020-08-06。

利进行。①

在促进公共文化服务体系建设长效发展方面,《关于加快构建现代公共文化服务体系的意见》中公共文化管理体制和运行机制给予了较为明确的指导方向。该意见指出,要建立公共文化服务体系建设协调机制,完善党委领导、政府管理、部门协同、权责明确、统筹推进的公共文化服务体系建设管理制度;创新基层公共文化管理机制,健全民意表达和监督机制,推动开展公共文化服务参与式管理,维护群众的文化选择权、参与权和自主权;对公共文化服务的评价机制也做了具体的规定,要求在公共文化服务绩效考评制度中引入公众参与和第三方评价机制,建立群众评价和反馈机制,将公众满意度作为衡量政府公共文化服务绩效的重要指标。② 2019 年 11 月,为进一步提高公共文化服务领域基层政务公开工作标准化、规范化水平,保障人民群众知情权、参与权、表达权、监督权,文化和旅游部办公厅、国家文物局办公室联合印发了《公共文化服务领域基层政务公开标准指引》,将公共文化服务领域的政务公开与政府职能转变、行政审批制度改革等对接融合,明确了公共文化服务领域在行政许可、行政处罚、行政强制、公共服务 4 个方面共 45 项基层政务公开事项并重点指出积极畅通、扩大公众及第三方机构在意见征集、监督评价等方面的参与渠道和参与范围。③

除此之外,在培育参与公共文化服务的社会主体方面,政府也出台了相应的文件,旨在进一步理顺政府、市场和社会的关系,为构建政府、市场和社会协同参与公共文化服务体系建设机制提供了政策依据。例如,2013 年,文化部发布了新修订的《文化部社会组织管理暂行办法》,对文化部业务主管的社会团体、基金会、民办非企业单位等主要文化类社会组织的申请条件、设立程序、组织建设、监督管理等进行了专门的确定。④ 2014 年,国务院办公厅出台专门文件对文化企业的发展予以规定,在财政税收、投资融资方面对其予以政策优惠并对文化企业的资产和工商管理方面的内容进一步规范,引导文化企业依法有序地参与公共文化服务体系建设。⑤ 2019 年 3 月,文化和旅

---

① 《国务院办公厅关于印发文化体制改革中经营性文化事业单位转制为企业和进一步支持文化企业发展两个规定的通知》,http://www. gov. cn/zhengce/content/2018-12/25/content _ 5352010. htm,2020-08-06。

② 《中共中央办公厅、国务院办公厅印发〈关于加快构建现代公共文化服务体系的意见〉》,http://www. gov. cn/gongbao/content/2015/content_2809127. htm,2020-08-06。

③ 《文化和旅游部办公厅、国家文物局办公室关于印发〈公共文化服务领域基层政务公开标准指引〉的通知》,http://zwgk. mct. gov. cn/auto255/201911/t20191112 _ 848826. html? keywords =,2020-08-06。

④ 《文化部关于印发〈文化部社会组织管理暂行办法〉的通知》,https://www. mct. gov. cn/whzx/zxgz/whbshzzglgz/zcfg_8018/201305/t20130528_801398. htm,2020-08-06。

⑤ 《国务院办公厅关于印发文化体制改革中经营性文化事业单位转制为企业和进一步支持文化企业发展两个规定的通知》,http://www. gov. cn/zhengce/content/2014-04/16/content_8764. htm,2020-08-06。

游部在《关于促进旅游演艺发展的指导意见》中指出，要引导旅游演艺经营主体结合中国旅游日、博物馆日等时间节点与重要节庆开展惠民活动，推动精品演艺项目网上传播，同时鼓励地方政府采购民营经营主体制作的优秀剧目。① 该文件实际上从侧面肯定了市场力量在提供公共文化服务方面的作用。

总体而言，文化体制改革方面的政策围绕着政府职能转变、市场主体培育、社会组织规范这一路径而展开，着力点在于构建政府、市场、社会共同参与公共文化服务的多元治理体系，而此方面的完善与发展是社会力量参与公共文化服务的机制保障，对于调动社会力量参与公共文化服务的积极性与创造性具有重要作用。

二、加强人才队伍建设，夯实人才基础

《国家"十一五"时期文化改革发展规划纲要》就将人才队伍建设专门论述，强调高层次人才的培养工作，完善人才选拔制度。2011 年，第十七届中央委员会通过的《中共中央关于深化文化体制改革、推动社会主义文化大发展大繁荣若干重大问题的决定》从高层次领军人物和高素质文化人才队伍以及基层文化人才队伍两个方面对文化人才队伍建设做出了具体规定。该决定指出，高层次领军人物和专业文化工作者是社会主义文化建设的中坚力量，要加强专业文化工作队伍、文化企业家队伍建设，完善人才培养开发、评价发现、选拔任用、激励保障机制；制定实施基层文化人才队伍建设规划，完善机构编制、待遇保障等配套政策，吸引优秀文化人才服务基层；发展壮大文化志愿者队伍等。在基层文化队伍建设方面，《关于加快构建公共文化服务体系的意见》在岗位编制方面对公共文化机构的人员配备做出了要求，规定按照控制总量、盘活存量、优化结构、有减有增的要求研究编制标准。2017 年《国家"十三五"时期文化发展改革规划纲要》再次重申了人才队伍建设工作，并从文化名家暨"四个一批"人才工程、地方县级和城乡基层宣传思想文化队伍建设、国家文化荣誉制度三个方面对人才队伍建设工作予以部署。之后，文化部根据此纲要制定了《"十三五"时期文化发展改革规划》，对人才队伍建设进一步予以详细规定。该规划指出，要构建高层次领军人物、青年拔尖人才、基层文化人才等多层次多角度的人才体系，并提出要通过多种方式拓展文化人才培养途径，依托党校、行政学院、干部学院、高等学校、职业院校、重点大型企业和各级各类教学点开展对文化人才的培训工作，健全培训体系；同时设立了新型文化智库建设计划、海外高层次文化人才引进计划、国家艺术基金人才资助项目、专业艺术人才培训计划、文化技能人才培养计划等诸多项目。2017 年 5 月在文化部《关于印发〈"十三五"时期繁荣群众文艺发展规划〉的通知》中对群众文艺人才队伍建设再一次进行明确，从群众文艺骨干力量、基层群众文艺团队、群众文艺志愿者、群众文艺行业组

---

① 《文化和旅游部关于印发〈关于促进旅游演艺发展的指导意见〉的通知》，http://zwgk.mct.gov.cn/auto255/201904/t20190401_841268.html? keywords＝，2020-08-06。

织等方面对群众文艺人才队伍建设进行了具体规定并制定了群众文艺骨干培训计划、优秀群众文艺团队扶持计划、文化志愿者服务计划、全民艺术普及技能提升计划等加强人才队伍建设的项目，旨在提升基层文化人才的业务水平与素质水平。除此之外，文化部在美术、展览、戏曲、书法、舞蹈等专项领域也出台了相应的人才扶持计划，为特定领域的基层人才和优秀人才提供培训的同时对考核合格的公共文化服务项目给予经费补贴，以引导、鼓励、支持社会力量参与公共文化服务。如2019年文化和旅游部办公厅便下发了针对全国各级各类包括国有民营等各种性质的美术馆在内的青年策展人扶持计划，规定各级各类国有美术馆、美术名家艺术馆（纪念馆）以及在民政部门登记注册的民营美术馆均可推荐在本单位任职的1名青年策展人员作为候选人参与申报，对通过评审的候选人给予有针对性的培训并对进入复评的项目予以10万元的资金补贴，为加强美术馆人才梯队建设提供了切实的支持与保障。①

在培育与发展文化志愿者队伍方面，政策鼓励专家学者、各层次文化人才、科研院校大学生等热心社会公益的社会人士积极加入文化志愿者服务队伍，并于2016年出台了《文化志愿服务管理办法》，对文化志愿者及文化志愿单位的登记、注册、管理工作及激励和保障措施进行了明确界定，对保障文化志愿者权益，规范和调动文化志愿者队伍积极性具有重要作用。此外，在文化部、中央文明办部署的2016年文化志愿服务工作中，推行了以"健全组织、规范管理、壮大队伍"为主要内容的管理模式，夯实了文化志愿服务工作基础，对建立层级化文化志愿服务组织、规范文化志愿服务管理、壮大文化志愿者队伍进行了规划，对文化志愿者招募注册、供需对接、培训管理、服务记录、培训保障等工作机制进行了进一步的完善。②

从政策演进来看，公共文化服务领域的人才队伍建设主要从高层次人才培养及基层文化人才队伍建设两方面展开，对文化志愿者在基层文化人才队伍中的作用予以了重要强调，这也是社会力量参与公共文化服务的重要内容。

三、强化文化财政支出，奠定经费基础

2006年国务院发布的《国家"十一五"时期文化发展规划纲要》奠定了文化发展的经济政策基础。该纲要指出设立国家文化发展专项资金和基金用于扶持国家公益性文化事业发展和支持国家重要遗产的保护等，加大政府对文化事业的投入力度，扩大公共财政覆盖范围，同时制定了文化事业建设费、农村文化建设专项资金、宣传文化发展专项资金等十二项支持文化发展的经济政策，为文化建设财政投入确立了良好的开端。此后，《国家"十二五"时期文化发展规划纲要》承袭了这一内容，并提出要探索建立稳

---

① 《文化和旅游部办公厅关于开展2019年全国美术馆青年策展人扶持计划的通知》，http://zwgk. mct. gov. cn/auto255/201903/t20190318_837819. html? keywords＝，2020-08-06。

② 《文化部、中央文明办关于开展2016年文化志愿服务工作的通知》，http://zwgk. mct. gov. cn/auto255/201603/t20160316_474849. html? keywords＝，2020-08-06。

定增长的公共文化服务财政保障机制，保证公共财政对文化建设投入的增长幅度高于财政经常性收入增长幅度，并在中央、省、市三级设立农村文化建设专项资金，保证一定数量的中央转移支付资金用于乡镇和村文化建设。2016 年，《财政部关于印发〈中央补助地方公共文化服务体系建设专项资金管理暂行办法〉的通知》对中央补助地方公共文化服务体系建设专项资金的支出范围、分配办法、申报与审批、管理与使用及资金监管与绩效评价等予以明确规定，进一步规范了公共文化服务体系建设专项资金的管理与使用。2017 年，《国家"十三五"时期文化改革发展规划纲要》再次强调合理划分各级政府在文化领域的财政事权和支出责任，加大中央和省级财政转移支付力度，为公共文化服务提供经费保障，同时指出加大政府购买公共文化服务的资金投入。在此纲要指导之下，中央财政通过转移支付下达 2018 年免费开放补助资金 51.85 亿元，用于支持公共图书馆、文化馆、博物馆、美术馆等公共文化设施免费开放，保障人民基本文化权益。《公共文化服务保障法》第四十五条更是明确指出，国务院和地方各级人民政府应当将公共文化服务经费纳入本级预算，确保公共文化服务所需资金。由此，公共文化服务经费保障具备了法律支撑。

通过对我国社会力量参与公共文化服务的政策梳理，可以发现国家对社会力量在公共文化服务体系建设中的地位与作用的认知不断深化，相关政策也不断丰富和完善，表明国家对社会力量在公共文化服务体系建设中的作用越来越重视。但现阶段的政策仍较多体现在方向性指导层面，对于如何培育各类社会主体、社会力量以何种方式参与公共文化服务及参与的范围和内容等具体问题仍缺乏较为明晰的政策规定。因此，未来我国关于社会力量参与公共文化服务的政策重点应放在具体层面，强化政策的可操作性及针对性。（详见表 2-1、表 2-2）

表 2-1　社会力量参与公共文化服务相关政策文件一览表

发布时间	主题	文件名称	主要内容
2002 年 1 月	进一步加强基层文化建设，用先进文化占领城乡阵地	《国务院办公厅转发文化部国家计委财政部关于进一步加强基层文化建设指导意见的通知》	从文化设施、文化队伍、文化活动、经费保障等方面对基层文化建设提出了相应意见，指出要大力培养和发展民间文化队伍，引导社会和群众开展各种自办的文化活动。
2005 年 11 月	促进农村文化和政治、经济、社会协调发展，进一步加强农村文化建设	《中共中央办公厅国务院办公厅关于进一步加强农村文化建设的意见》	对农村文化建设的指导思想和目标任务、农村公共文化建设机制体制、动员社会力量支持农村文化建设、加强组织领导等方面对农村文化建设做了规定。

发布时间	主题	文件名称	主要内容
2006 年 9 月	"十一五"时期文化发展规划纲要	《国家"十一五"时期文化发展规划纲要》	从指导思想、理论建设、公共文化服务、新闻事业、对外交流、措施保障等十个方面对"十一五"时期文化发展做了规定，在公共文化服务方面强调了建立健全文化援助机制、鼓励社会力量捐助和兴办公益性文化事业。
2008 年 7 月	深化文化体制改革	《文化部关于进一步深化文化系统文化体制改革的意见》（文政法发〔2008〕30 号）	对艺术表演团体、文化事业单位的改革进行了规定，对公共文化服务体系建设和文化产业发展进行了强调，指出支持和引导社会力量参与公共文化服务体系建设。
2012 年 6 月	关于鼓励和引导民间资本进入文化领域的实施意见	《文化部关于鼓励和引导民间资本进入文化领域的实施意见》（文产发〔2012〕17 号）	对民间资本参与公共文化体系建设内容做了详细规定，指出鼓励民间资本捐建或兴建公共文化设施，建立公共文化服务政府采购制度。
2013 年 1 月	"十二五"时期公共文化服务体系建设实施纲要	《文化部关于印发〈文化部"十二五"时期公共文化服务体系建设实施纲要〉的通知》	从指导思想、基本原则、发展目标和重点任务、保障机制等方面对"十二五"时期公共文化发展做了要求，强调要探索完善文化志愿服务机制。
2013 年 5 月	文化部社会组织管理暂行办法	《文化部关于印发〈文化部社会组织管理暂行办法〉的通知》	对文化部业务主管的社会团体、基金会和民办非企业单位的设立条件、组织建设、监督管理等做了规定。
2014 年 4 月	文化体制改革	《国务院办公厅关于印发文化体制改革中经营性文化事业单位转制为企业和进一步支持文化企业发展两个规定的通知》（国办发〔2014〕15 号）	对文化事业单位转制、支持文化企业发展等相关事项做了具体规定，强调通过政府补贴和购买等形式引导文化企业提供更多文化产品和服务。
2015 年 1 月	加快构建现代公共文化服务体系的意见	《中共中央办公厅国务院办公厅印发关于加快构建现代公共文化服务体系的意见》	对公共文化服务均衡发展、动力机制、供给机制、管理和协调机制等做了要求并制定了国家基本公共文化服务指导标准，提出要鼓励和引导社会力量参与，促进公共文化服务提供主体和方式多元化，对培育和发展社会组织、文化志愿服务等做了规定。

第二章　社会力量参与公共文化
服务的政策演进

发布时间	主题	文件名称	主要内容
2015 年 5 月	政府向社会力量购买公共文化服务	《国务院办公厅转发文化部等部门关于做好政府向社会力量购买公共文化服务工作意见的通知》（国办发〔2015〕37 号）	从政府购买公共文化服务的指导思想、基本原则和目标任务，购买主体、购买内容、购买机制，资金保障、监管机制和氛围营造等方面做了具体规定并制定了指导性目录。
2015 年 10 月	加强基层综合性文化服务中心建设	《国务院办公厅关于推进基层综合性文化服务中心建设的指导意见》	对建设基层综合性文化服务中心的指导思想、目标任务、功能定位、内容方式、管理机制等做了规定，指出鼓励群众参与建设管理、探索社会化建设管理模式。
2015 年 12 月	中央补助地方公共文化服务体系建设专项资金管理暂行办法	《财政部关于印发〈中央补助地方公共文化服务体系建设专项资金管理暂行办法〉的通知》	对中央补助地方公共文化服务体系建设专项资金的支出范围、分配办法、申报与审批、管理与使用、资金监管与绩效评价等做了具体规定。
2016 年 3 月	2016 年文化志愿服务工作有关事项	《文化部中央文明办关于开展 2016 文化志愿服务工作的通知》	对 2016 年文化志愿服务工作的指导思想、基本原则、主要任务、实施步骤等做了规定。
2016 年 7 月	文化志愿服务管理办法	《文化部关于印发〈文化志愿服务管理办法〉的通知》	对文化志愿者个人和组织单位的职责进行了界定，规定了文化志愿服务的内容及相关激励保障措施。
2017 年 2 月	"十三五"时期文化发展改革规划	《文化部"十三五"时期文化发展改革规划》	从指导思想、基本原则、发展目标和主要指标、现代公共文化服务体系、文化机制体制改革、人才队伍等方面对"十三五"时期文化发展的规划做了要求，强调要推动公共文化服务社会化发展。
2017 年 5 月	"十三五"时期文化发展改革规划纲要	《中共中央办公厅国务院办公厅印发〈国家"十三五"时期文化发展改革规划纲要〉》	对"十三五"时期文化发展的总体思想、理论建设、公共文化服务体系建设、文化体制改革创新、人才队伍等内容做了规定，强调公共文化服务运行机制要社会化。
2017 年 5 月	"十三五"时期繁荣群众文艺发展规划	《文化部关于印发〈"十三五"时期繁荣群众文艺发展规划的通知〉》	对"十三五"时期群众文艺工作的总体要求、重点任务和保障措施做出了规定，对群众文艺活动、群众文艺力量和群众文艺阵地的培育与管理做了强调。

发布时间	主题	文件名称	主要内容
2017 年 8 月	深化公益性文化事业单位改革，推动公共文化机构建立以理事会为主要形式的法人治理结构	《中共中央宣传部 文化部 中央机构编制委员会办公室 财政部 人力资源社会保障部 国家文物局 中国科学技术协会 关于印发〈关于深入推进公共文化机构法人治理结构的实施方案〉的通知》	对公共文化机构法人治理结构的总体要求、主要内容、配套措施、工作步骤、组织实施等方面做了相关规定，明确建立以理事会为主要形式的法人治理结构，吸纳有关方面代表、各界人士、各界群众参与管理，落实法人自主权。
2018 年 11 月	创新文化供给机制，引导社会资本积极参与文化领域政府和社会资本合作（PPP）项目	《文化和旅游部 财政部关于在文化领域推广政府和社会资本合作模式的指导意见》	对在文化领域推广政府和社会资本合作模式进行了详细规范，第一次以专项发文的形式对 PPP 模式的指导思想、基本原则、推广领域、项目实施及政策保障等各项内容予以明确界定，为在文化领域实施 PPP 模式提供了指导方针。
2018 年 12 月	经营性文化事业单位转制为企业	《国务院办公厅关于印发〈文化体制改革中经营性文化事业单位转制为企业和进一步支持文化企业发展两个规定〉的通知》	对公司制股份制改革的具体内容做了相关规定，同时对改制后的企业国有文化资产管理、收入分配、社会保障、人员安置及财政税收等方面予以详细规范。
2019 年 3 月	2019 年文化和旅游志愿服务工作方案	《文化和旅游部 中央文明办关于印发〈2019 年文化和旅游志愿服务工作方案〉的通知》	对 2019 年文化志愿服务工作项目进行了具体规定，包括"春雨工程"、以中西部农村文化志愿服务为中心内容的"阳光工程"及针对农村未成年人的文化志愿服务计划即"圆梦工程"，为本年度文化志愿服务工作提供了指南。
2019 年 3 月	2019 年扶持全国美术馆青年策展人计划	《文化和旅游部办公厅关于开展 2019 年全国美术馆青年策展人扶持计划的通知》	为加强美术馆人才梯队建设，开展青年策展人扶持计划工作，对申报的条件、申报方式、评选工作及扶持工作予以具体规定，旨在提升青年策展人的理论与策划水平。
2019 年 3 月	促进旅游演艺发展	《文化和旅游部关于印发〈关于促进旅游演艺发展的指导意见〉的通知》	为着力推进旅游演艺转型升级、提质增效，充分发挥旅游演艺作为文化和旅游融合发展重要载体的作用，对旅游演艺的总体要求、主要任务和实施保障提出了较为具体的指导意见。

发布时间	主题	文件名称	主要内容
2019 年 11 月	公共文化服务领域基层政务公开	《文化和旅游部办公厅国家文物局办公室关于印发〈公共文化服务领域基层政务公开标准指引〉的通知》	文化和旅游部、国家文物局按照国务院办公厅关于推进基层政务公开工作的有关部署，明确了文化、文物领域基层政务公开工作的机制、流程、方式、监督评估等相关规范及要求以进一步提高全国公共文化服务领域政务公开效能。

表 2-2　关于社会力量参与公共文化服务的相关法律

发布时间	主题	法律名称	主要内容
2016 年 12 月	公共文化服务保障	《中华人民共和国公共文化服务保障法》	对公共文化服务设施建设与管理、公共文化服务提供、保障措施和法律责任等做了法律规定，明确规定国家支持和鼓励公民、法人和其他组织参与公共文化服务。
2017 年 11 月	公共图书馆法	《中华人民共和国公共图书馆法》	对个人、法人和其他社会组织参与公共图书馆建设、提供服务等做了规定，明确指出国家推动公共图书馆建立法人治理结构，吸纳有关方面代表、专业人士和社会公众参与管理。

第三章 社会力量参与公共文化服务的主要路径

党的十八届三中全会明确提出"引入竞争机制，推动公共文化服务社会化发展。鼓励社会力量、社会资本参与公共文化服务体系建设，培育文化非营利组织"。这一条文指出了公共文化服务社会化的发展方向，表明推动公共文化服务社会化发展是构建现代公共文化服务体系的重要任务。2015 年 10 月 20 日，国务院办公厅发布《关于推进基层综合性文化服务中心建设的指导意见》，提出到 2020 年要将基层综合性文化服务中心建设成为我国文化建设的重要阵地和公共服务供给的综合平台。该意见指出要鼓励支持企业、社会组织和其他社会力量，通过直接投资、赞助活动、捐助设备、资助项目、提供产品和服务，以及采取公益创投、公益众筹等方式，参与基层综合性文化服务中心建设管理，同时要率先在城市探索开展社会化运营试点，通过委托或招投标等方式吸引有实力的社会组织和企业参与基层文化设施的运营。[①] 该要求探索社会化建设管理模式，这意味着基层综合性文化服务中心的建设、服务和管理，将破除传统的政府包办方式，转向多元文化主体积极参与的现代治理格局。

第一节 兴办实体

在现行文化事业体制的发展框架下，我国的基层公共文化实体绝大多数是由政府投资兴建的，社会力量投资兴办公共文化实体面临诸多困难。近年来，随着全社会对基层文化建设的重视，政府也积极鼓励社会资本兴建基层公共文化实体，在这种趋势下，社会力量参与基层文化实体建设的积极性越来越高。

鼓励社会力量兴办文化实体需要正确处理好政府和各类主体的关系，在强调政府主导作用的同时，还需要注重发挥各类社会主体的积极作用，使政府和各类主体在兴

---

① 《国务院办公厅关于推进基层综合性文化服务中心建设的指导意见》，http://www.gov.cn/zhengce/content/2015-10/20/content_10250.htm，2020-08-06。

第三章 社会力量参与公共文化
服务的主要路径 ▶

办文化实体中功能互补，形成合力。政府在鼓励社会力量兴办文化实体的过程中，特别要尊重和平等对待各类社会主体，不能盲目指导和强势干预，要切实保障兴办文化实体的社会组织、企业和个人的自主性，真正确立相互合作的伙伴关系。只有真正尊重和平等对待各类社会主体，才能激发他们的积极性和创造性。

一、拓宽社会力量兴办文化实体的相应渠道

基层文化实体建设的社会化发展有赖于政府职能的转变，在部分政府服务职能的让渡中不断拓宽社会力量参与基层文化实体建设的空间和渠道。目前，虽然政府在引导社会力量参与基层文化实体建设中制定了许多措施，但还没有建立起充分有效的渠道。因此，政府需要通过营造社会力量兴办文化实体的宽松环境、积极推进文化政策法规建设等多种途径，激活社会力量参与基层文化实体建设的积极性、主动性。

第一，适当放宽社会力量准入标准，进一步完善社会力量参与基层文化实体建设的审批准入制度。制定符合基层文化实体建设的准入标准和准入制度，鼓励社会力量参与进来，进一步放宽文化类社会团体、文化类民办非企业单位、文化基金会等的登记条件，降低准入门槛，简化登记程序，扩大登记范围，实现合法运营，健康发展。对特殊的民办机构，则通过颁发内部准入证或者以社会组织名义登记注册，给予恰当的身份认定。

第二，推进相关政策法规制度建设。以法律法规形式明确规定支持社会力量兴办基层文化实体，并向社会公布国家或地方兴办基层文化实体的基本政策。制定兴办基层文化实体的捐赠管理办法或条例，明确对于捐赠人或捐赠单位的奖励办法，如建设优先权、冠名权等；制定社会力量参与基层文化实体建设的财务管理制度，规范社会力量可以获得的资金、支出、优惠、管理与运行等程序，保障公共文化服务经费的合法、合理与有效使用。

第三，鼓励社会资本兴办文化实体。政府需要发动和引导社会力量及多元资本参与到基层文化实体建设中来，通过撬动社会资本，在政策、资金、服务等方面对兴办基层文化实体的社会组织、企业以及个人予以支持。如上海浦东新区吸引民营力量投资建成了龙美术馆、震旦博物馆、翡翠画廊等一大批民营文化设施。其中，龙美术馆由个人投资兴建，在指定日免费对外开放，并提供公共文化活动场地和室内空间，对接徐汇区文化局开展的免费讲座、论坛活动。

二、探索社会力量兴办文化实体的多种措施

兴办基层文化实体不仅强调政府的主导作用，同时还需要注重发挥各类主体的积极作用，以多元建设格局来加强基层文化实体建设，因此，政府与社会主体形成功能互补、达成合力至关重要。目前，兴办基层文化实体主要以政府为主，社会力量参与的程度有限，一方面是相关的投入机制没有建立起来，另一方面是社会资本投入的方

式单一化，这就造成了社会力量"有力使不出"的局面。由于基层文化实体建设的可操作性细则与程序均尚未建立起来，部分地区虽然发布了一些政策法规，但这些政策法规过于宏观，不易操作。所以，政府在给予社会力量参与基层文化实体建设的优惠政策时，需有具体的实施条例，保证政策条例的可操作性、可量化原则，使得社会力量可以享受到真正的政策优惠，从而提高社会力量参与基层文化实体建设的积极性。因此，兴办基层文化实体需要广泛吸纳社会资本参与，多渠道解决建设和运转经费，建立政府主导、社会参与的投入机制，探索社会力量兴办文化实体的多种激励措施。

第一，用地优惠。通过在土地使用、规划建设等方面给予一定的政策倾斜，鼓励企业、社会资本、本地名人等投资基层文化实体建设。从鼓励使用存量土地、给予土地出让价格优惠、分期缴纳土地出让金、优先将土地收益用于文化建设等方面入手，创新社会力量参与基层文化实体建设用地供应方式。

第二，以奖代补。将基层文化实体建设部分专项经费和奖励经费统筹管理，对建成基层文化实体基础设施的社会力量以奖励的方式进行激励。政府制定具体的奖励标准，并根据社会力量在基层文化实体建设的具体程度、质量给予适当比例的奖励。

第三，税收减免。政府利用税收制度，按照预定的目的，在税收方面采取相应的激励和照顾措施，以减轻社会力量应履行的纳税义务来补贴社会力量兴办基层文化实体。对参与基层文化实体建设的社会力量给予减轻或免除税收负担，对应征税款按照一定的标准依法减少征收。通过税收优惠政策引导企业、民间资本和个人无偿捐赠。

第四，名誉奖励。对在兴办基层文化实体中做出成效的社会力量，政府以颁发证书或者授予荣誉称号的形式给予其奖励，并对其身份进行认定，使其基层文化实体建设的行为合法化。

第五，项目投资。通过出台有关社会力量参与基层文化实体建设的专项政策，建立起"民办政扶、民享政补、民营政管"的社会力量投资兴办文化实体的新模式。在政策的激励下，以项目的形式积极引导社会资本投资建设，同时畅通民间资本投资渠道。

第二节　资助项目

随着国家对基层公共文化服务体系建设越来越重视，以项目的形式推进公共文化服务发展成为当前农村公共文化服务方式转变的重要内容。资助文化项目的主体既可以是政府、社会力量，也可以是两者的结合。在公共文化服务社会化发展趋势下，社会力量成为文化项目资助的重要力量，有效弥补了公共文化服务推动中政府财政有限的窘境。这里讲的资助项目是指文化产品和文化服务项目，而文化产品和文化服务项目，既包括文化设施建设项目，也包括文化艺术书籍、文艺演出和文化活动等项目。

一、公共文化项目资助的重要力量

在当前公共文化服务资助项目中，社会融资是一项资助内容。政府与社会力量通力合作兴办文化实体的方式是当前基层文化服务项目资助中的主要做法。推动公共文化服务社会化发展，鼓励社会资本投入公共文化设施建设已经成为公共文化设施建设的重要渠道。由于政府投资兴建文化设施的力度有限，无法完全满足基层民众对于公共文化设施建设的要求，对于一些民众反映强烈、投资额度较高的公共文化项目，政府需要通过社会融资的方式来共同兴建。政府通过社会融资的形式兴办公共文化实体在我国大部分地区都有案例可见，如江苏省句容市的民办文化设施——中国神牛红木艺术博物馆就是由江苏神牛红木集团于 2012 年创办的，该馆占地 25 亩①，馆藏面积达1.2 万余平方米，有"唐、宋、元、明、清"5 个主题，12 个展厅，共有红木作品 10000多件，精品 1000 多件，是目前国内最大的民间红木艺术博物馆之一。而湖北省探索民间资本兴办文化实体的实践也层出不穷并已颇见成效，如嘉鱼县积极倡导社会力量参与到公共文化建设中来，其社会融资的渠道已经生成并发挥了作用：四邑村为了更好地展现乡贤文化，由联乐集团出资 300 多万元，将原有的 1000 平方米文体广场加以改造，图文并茂地展示乡贤文化，传递乡贤精神；总投资超过 1000 万元，占地 10000 多平方米的簰洲湾八一文化广场，就是在政府的积极引导下，由簰洲的热心人士捐赠建成，没花政府一分钱，创造了民间捐巨资建文化广场的先进案例；官桥村八组由湖北田野集团投资 3000 万元兴建的思源文化广场、篮球场、网球场等文体设施，常年免费开放，形成了"文化兴村、文化育民"的环村旅游新景观。

二、扩大社会力量资助公共文化服务项目的主要途径

目前，基层公共文化服务项目的推进主要以政府为主，社会力量参与的程度有限，一方面是相关的资助机制没有建立起来，另一方面是社会资本资助的方式单一化，这就造成了社会力量"有力使不出"的局面。因此，基层公共文化服务项目推进需要广泛吸纳社会资本参与，多渠道解决建设和运转经费问题，建立政府主导、社会参与资助机制，探索社会力量多元化的投入方式。同时，扩大社会力量参与项目资助需要建立综合性配套制度，理顺政府与社会主体的关系，畅通社会主体参与项目资助的渠道。政府相关部门通过出台有关社会力量参与基层文化服务中心建设的专项政策，建立起"民办政扶、民享政补、民营政管"的社会力量投资建设公共文化设施新模式。在政策的激励下，以项目的形式积极引导社会资本投资建设，同时畅通民间资本投资渠道。

一是激发社会力量资助公共文化服务项目的动力。在政府主导的基础上，积极动员社会力量参与公共文化服务项目的资助。可以采取税收激励、补贴和特许经营等多

---

① 1 亩≈666.67 平方米。

种方式，激发市场组织和社会组织资助公共文化服务项目的积极性。如目前浙江省规模最大的民间民俗博物馆——宁波十里红妆博物馆便是由宁海民间收藏家何晓道于2003年创办的，作为一间私人博物馆，政府却先后累计投资近1000万元，在建造场馆、水电等规费方面准其享有与国有文化单位同等待遇。政府除对博物馆予以资金支持之外，还组织人员赴外地对十里红妆进行宣传推介并筹办风情巡游等活动，以扩大博物馆的知名度。政府在社会力量参与公共文化项目方面的引导、资助与激励将有效地激发民间资本参与公共文化服务的热情与活力。

二是构建社会力量资助公共文化服务项目的保障体系。诸如用地优惠、资金补助、税收减免、名誉奖励等多种激励政策，应该在法律法规中予以明确规定，并在执行过程中予以严格保证和落实。要建立协调机制，为社会力量资助公共文化服务项目提供便利条件。

三是完善政府、公共文化机构与社会主体的对接机制。基层公共文化机构要加强服务意识，提升吸引、组织和管理社会力量的能力。将社会力量参与纳入日常工作考核体系中，在基层设置专人对接，并对其进行培训，组成一批熟悉相关政策、掌握管理流程、善于开发社会资源的专业工作队伍，实现社会力量与基层公共文化服务机构无障碍对接。

四是扶持和增强社会主体资助公共文化服务项目的力量。目前，社会力量资助公共文化服务项目的类型有限，主体能力和主体意识都有待加强。因此，政府需要扶持社会力量的多样化项目资助，适当给予资助，搭建沟通、交流、展示的平台，对那些有意愿资助公共文化服务项目的社会力量，鼓励其提升专业化服务水平，提高供给能力。

第三节　赞助活动

文化领域社会力量的健康成长，开始为现代公共文化服务体系建设注入新的动力，伴随着市场经济的快速发展，文化服务赞助活动也应运而生。赞助活动是社会力量向某一社会事业或社会活动提供资金或物质的社会贡献行为，也是一种信誉投资和感情投资，是社会力量改善社会环境和社会关系最有效的方式之一。总的来看，赞助活动对社会力量有四种好处，即追求新闻效应，扩大社会影响；增强广告效果，提高经济效益；联络公众感情，改善社会关系；提高社会效益，树立良好形象。对于政府而言，应该通过税收优惠政策及其他鼓励政策，吸引和引导社会力量以多种方式来赞助公共文化服务，不断丰富文化产品供给的内容和服务形式，满足公众多层次、多样化的文化消费需求。

一、公共文化服务赞助活动中的重要力量

近年来，全国各地大型公益文化活动的供给不再是政府唱独角戏，一些地区公共文化服务活动的开展开始显示出"群众活动、企业展示"的双重属性。在当前公共文化活动的赞助形式中，企业赞助成为一种发展趋势。企业赞助是指企业赞助某项文化活动，借助该文化活动产生的良好社会效应进行营销宣传，以获得社会公众的关注与好感，在促进文化活动顺利进行的同时达到传播和提升品牌形象、刺激产品销售的目的。例如，浙江省嘉兴市南湖区"南湖合唱节"，成为众多企业争相奉献社会的重要渠道。通过"文企联姻"的形式，以冠名赞助的方式，文化活动的开展获得了企业的赞助，这样不仅保证了开展公共文化活动所需要的资金，增强了公共文化的发展活力，企业在冠名的同时，也获得了展示、推介的超值平台，提升了企业品牌知名度，树立了企业的社会形象。这种互动实现了以社会效益为主，社会效益和经济效益并重，以公益文化促进文化消费，带动相关文化产业发展的理想效果，而且成功案例的经验进一步促进了冠名赞助方式的有效推广。

二、引导和鼓励各种社会主体赞助公共文化服务

引导和鼓励社会力量赞助公共文化服务，既有利于创新公共文化服务的运行机制，又有利于充分调动社会各方面的积极性，激发社会文化活力和创造力，实现公共文化服务提供主体和提供方式多样化，形成政府主导、社会赞助、多元投入、协力发展的新格局，提高公共文化服务质量和效能，为人民群众提供更多更好的文化产品和文化服务。

第一，注重企业的中坚力量。企业是一种营利性组织，它通过生产和销售商品达到营利的目的，尽管如此，它却是提供公共文化服务不可忽视的重要力量。除了政府向企业购买公共文化服务后再以免费或低费向民众提供这一途径之外，还可以吸引企业通过赞助公益性文化服务（产品）或者投资兴办文化实体（如民办博物馆、艺术馆、私人图书馆、文化公司等），获取声誉、树立形象、行销品牌乃至直接从中营利。

第二，动员社会组织参与赞助。社会组织一般是非营利组织（NPO）①。在我国，社会组织一般包括社会团体、行业协会、民办非企业单位、基金会等。非营利的文化类社会组织是赞助公共文化服务不可忽视的补充力量。在许多发达国家，公共文化服务和公共文化产品主要是由这些非营利的社会组织提供的，在我国，这部分社会力量成为公共文化服务供给的潜在力量。因此，通过各种方式引导社会组织赞助公共文化

---

① 也有社会学者将社会组织与政府组织相对应，称之为非政府组织（NGO）、民间组织；或者强调社会组织相对于政府和私人企业的独立性，而称之为"第三部门"（Third Sector）；或者强调其志愿性，称之为"志愿者组织""免税组织"等。

服务就显得十分必要了。

第三，发挥社区和社会组织的功能。社区和社会组织也是公共文化服务中不可忽视的社会力量。社区是城乡人民群众日常生活共同体，社区和社会组织赞助的公共文化服务与城乡人民群众日常生活、生产紧密相连，因而具有日常性、可及性、便利性等优势和特点。因此，基层文化机构要注重发挥社区和社会组织在公共文化服务中的积极作用。

第四，鼓励和引导个人捐助。个人自身也是公共文化服务中的一种社会力量，个人不仅是公共文化服务的对象或享受者，而且还是公共文化服务的主体和提供者。因此，应该以多种形式来鼓励和引导个人赞助公共文化服务。比如通过捐资、集资等方式来赞助公共文化服务；或者直接参与公共文化产品的生产和公共文化服务的供给（主要是无偿的志愿者活动）。

第四节　提供设施

现代公共文化服务体系建设要求均衡发展，实现城乡公共文化服务的均等化。不少基层，尤其是偏僻的农村地区由于缺少优质的公共文化资源、设施和优秀人才，基层群众的多元公共文化需求难以满足。因此，结合基层发展实际，政府应该多管齐下，采用各种措施来提供公共文化设施，一方面，在文化设施布局上，应当整合基层综合文化服务中心、文体广场、传统阅报栏和电子阅报栏等各类文化设施，使地方居民能够就近参加文化活动；另一方面，需要统筹社会各类文化设施资源，尤其是协调区域内各类公共文化设施，将辖区的公园、绿地、广场、新建住宅小区的公共服务配套设施及学校等设施资源纳入基层文化设施体系中来，向全社会免费开放，建立健全各机构、各系统参与公共文化服务的机制，为满足辖区内公众的文化休闲娱乐需求提供便捷的场所。

一、整合碎片化公共文化设施

所谓碎片化公共文化设施，指的是散落在街道（乡镇）或社区（村庄）的中小学校、部分机关单位和社会上闲散的公共文化设施。这些碎片化公共文化设施因其具有分散性、封闭性和隐蔽性的特点，在公共文化服务资源整合过程中，很难被整合进来，因此当地政府部门在公共文化服务的供给中，还应盘活这部分被闲置的和散落各处的公共文化设施。这些公共文化设施由于破旧或地点偏僻等被长期闲置，或者有一些大型文化设施和稀有历史文化遗产由于产权模糊等缺乏很好的维护与经营。对于这些碎片化公共文化设施，一种是通过翻新再造的方式将资源利用起来，这可避免设施的重复建设，并实现最低成本投入的资源利用最大化的目标；另一种是采取搬迁的方式来盘活这些被闲置的公共文化资源，将这些资源搬到人口集中的地方集中利用，从而避免资源的严重浪费。同时还可以通过税收减免优惠等其他多种途径和手段来盘活这些公共文化服务资源，激活其潜在的公共文化服务功能。譬如在推进基层综合公共文化服务中心建设时，应充分整合利用现有的党员远程教育教室、综合文化活动室、农家书屋、闲置中小学校、农村幸福院等公共服务设施设备，调查摸底面积规模、产权归属和使用情况，在保证服务持续性的基础上，进行归并重组，加强统筹利用，鼓励通过整合、置换或转变用途等方式，将闲置、分散的基层公共设施改造用于基层综合文化服务中心建设。通过这种盘活现有文化资源存量的做法，进而实现公共文化服务设施的互惠共享。如浙江省围绕打造公共文化服务体系"升级版"，按照"文化礼堂、精神家园"的定位，在全省基层村(社区)全面推进"农村文化礼堂"建设，其建设思路是坚持资源整合，注重统筹规划、综合利用，对原有的文化室、农家书屋、农村电影放映室、会堂、宗祠，以及未成年人"春泥计划"等设施、项目和资源进行整合提升；统筹各部门资源，将综合性文化服务中心的文化服务功能与党员教育、农技推广、科学普及、民政服务、体育活动等公共服务职能结合起来；吸收村干部、文化能人、成功创业人士等组建理事会和志愿服务平台，参与文化礼堂的建设和管理，使"农村文化礼堂"真正成为当地的文化地标。

二、将体制内公共文化设施向社会免费开放

体制内资源向社会免费开放主要是鼓励街道(乡镇)党政机关、企事业单位、学校和其他社会机构向社会免费或优惠开放各类文体设施。这种文化资源因具有特殊性，更多地偏向体制内的人员，因而向社会免费开放具有一定的难度。但公共文化服务资源的共建共享具有开放性、公益性等特征，而体制内资源向社会开放可以弥补群众日常性公共文化服务供给不足的情况，同时也是当前公共文化设施共享的发展趋势。这类资源向社会免费开放需要多方主体来推动，一是需要各层级的政府来推动，政府可以根据实际情况制定相关文件政策，如制定关于协调学校体育设施向社会开放工作的实施意见，以此来明确开放时间、开放范围和安保、维护费用等问题；同时政府应给予相应的财政保障，设立设施对外开放专项经费，对开放的单位奖励经费补贴。二是企事业单位的资源向社会开放需要规范管理，如开放单位入口处设置公告栏，向社会公告开放的项目、时间以及开放制度和管理办法等。三是企事业单位与周围的社区居民建立行为自我约束制度，如双方签订相应的协议、身份证认证制、实名健身卡等方式来开放设施资源。

第五节 捐赠产品

政府对各类非营利组织予以支持已成为公共文化服务社会化发展的手段之一。自21世纪以来，中国政府就开始大力推动社会服务，主要的做法就是发包或购买服务，即政府基本上不直接从事社会公益事业，而是通过项目招标方式委托非政府组织来进行公共服务。非政府组织因此每年要精心选择项目，做出翔实的报告，进行投标，申请社会公益事业的项目资金，项目内容符合政府要求的才能得到批准。项目确定后，政府要与民间组织签订项目协议，并对其进行全程监控管理。除了直接的政府资助外，政府对非营利组织的税收优惠政策，对个人和公司捐款的减税，对非政府组织的补贴以及对非营利组织所得税、财产税、销售税的减免等，构成了政府对社会捐赠的非营利组织的补助。因此，基层公共文化机构也应该延承政府资助的形式，鼓励民众和公司捐赠公共文化产品，并制定保护捐赠者利益的相关条例。

一、公共文化产品的社会化捐赠形式

社会力量参与公共文化产品捐赠的大多属于民间性质的各类文化组织。一类是受政府委托的组织，以推动文化事业发展，普及文化和艺术教育，促进基层文化服务标准化、均等化发展为目的；另一类是行业自发组织的机构，目的是获得各种文化信息与交流机会，从事文化研究，以及维护基层群众的文化权益。我国的这些民间文化机构多为非营利组织，政府主要依靠这些非营利组织为公众提供各类公共文化服务。目前基层的社会化捐赠主要有公共文化产品捐赠、公共文化设施建设中的经费捐赠等。在当前的基层公共文化设施建设中，部分是靠自筹资金和社会捐赠来维持运转和发展，在公共文化服务社会化发展趋势下，一些基层的公共文化设施(如民俗博物馆、文化广场等)是在社会捐赠的基础上建立起来的。从捐赠来源看，基层公共文化产品的捐赠有以下三大类。

私人捐赠。顾名思义，私人捐赠是指个人可以自愿选择向任何非营利组织捐赠。对于基层公共文化产品的私人捐赠，当地政应对个人的捐赠实行税收优惠，同时政府可以举行形式多样的私人筹资活动，如活动、抽奖、晚会、义卖等，还可以选择通过电话、信件和电子邮件来向个人或家庭劝募。

公司捐赠。公司捐赠是指公司自愿将资金、文化产品等赠给与公司没有直接利益关系的受赠者用于文化公益性的行为。当前政府积极倡导公司捐赠的文化效应，并为捐赠的公司实行税收优惠，因此，公司捐赠在公共文化产品捐赠中占有重要的位置。如音王集团多次向文化部社会文化司、"春雨工程"及浙江省东阳市各街道的农民工活动中心、娱乐活动室和文化广场等捐赠音响设备，惠及农民工文化建设。

基金会捐赠。很多基金会都资助公益、慈善活动，但基金会的捐赠一般都会限定资金用途。大型基金会的资助款一般数额较大，申请程序比较严谨，基层的公共文化机构需要写明自己的请求以及资金使用领域、方式，并提供预算，获得捐赠后，在使用资金过程中还需要按照基金会的要求提交相关活动和经费使用报告。

二、加强社会力量捐赠公共文化产品机制建设

社会化是现代公共文化服务的一个典型特征，积极引导和发挥社会力量参与公共文化服务，是加快我国基层公共文化服务体系建设的必然要求。鼓励社会力量捐赠公共文化服务产品需要政府打破制约文化类组织发展的束缚和建立社会捐赠的办法和条例。从政府层面而言，就文化类社会团体、文化类民办非企业单位、文化基金会以及海外民间组织等登记管理应尽快制定专项法律法规，改革现行的非营利组织"登记管理机关"和"业务主管单位"的双重审核、负责与管理制度，建议对民间非营利文化单位的登记管理要制定专门颁发、打破制约的政策，提高管理效率。对于基层公共文化机构而言，应积极鼓励社会力量以捐赠方式参与公共文化建设，基层公共文化机构尽快制定具有地方性的公益文化事业社会捐赠管理办法或者相关条例，明确对于捐赠人或捐赠单位的奖励办法，比如建设优先权、税收减免、冠名权等。

探索建立社会力量捐赠公共文化服务产品的多种参与机制，大力培育发展各种文化类社会力量。基层公共文化机构可以制定社会力量捐赠公共文化服务的财务管理制度，规范社会力量可以获得的资金、支出、优惠、管理与运行等程序，保障公共文化服务经费的合法、合理与有效使用，推动建立健全公开透明的社会捐赠管理制度。同时，设立文化类民办非企业单位的专项扶持资金，建立社会力量捐赠文化服务产品的目录，对于有突出贡献的社会力量，按照不同的标准给予不同额度的奖励，并在税费减免、土地征用、场所提供和基础设施运行等方面给予优惠。

第六节　承接政府购买服务

政府购买公共文化服务是指政府将原来由政府直接举办的、为社会发展和人民生活提供文化服务的事项交给有资质的社会组织来完成，并根据社会组织提供服务的数量和质量，按照一定的标准进行评估后支付服务费用，这是一种"政府采购、项目补贴、定向投资、贷款贴息"的新型公共服务方式。对于政府购买的公共文化服务，在具体运作过程中需要基层公共文化服务机构作为直接的承接主体，在承接政府购买服务的过程中，基层文化服务机构既要处理好与提供文化服务的社会组织的关系，也要及时解决具体承接服务中产生的各种问题。

一、加强基层公共文化机构承接购买服务的力度

近年来，我国一些地方政府逐步将基层公共文化服务向市场与社会领域开放，积极探索政府购买公共文化服务的各种实践形式。政府在建设基层文化服务中心的同时，积极探索招标采购、项目补贴、定向资助和服务外包等政府购买公共文化服务形式，既增加了基层公共文化服务总量供给，满足了人民群众日益增长的公共文化需求；又拓宽了公共文化服务渠道与方式，丰富了公共文化服务的形式与内容，提升了公共文化服务供给的效率与质量。

第一，公示政府购买的服务清单。基层公共文化机构应每年向全社会公示详细的政府购买服务清单，扩大政府向社会力量购买服务管理办法的宣传力度，系统明确地公布购买服务的内容。政府购买服务的内容应是社会力量能够承担的服务事项，突出公益性和公共性，对不属于政府职能范围，或者应当由政府直接提供、不适合社会力量承担的服务事项，不得向社会力量购买。

第二，推行有效的政府购买服务方式。根据不同地区的居民文化需求特点，基层公共文化机构实践探索较为典型的购买服务办法，由政府有效实施，以实现基层公共文化服务产品和服务的精准供给。如上海徐汇区形成以"社会制单、中心点单、政府购买"的方式开展区级配送，并以实际发生的场次和内容按照约定的价格来进行实际费用结算，有效弥补了公共文化产品和服务种类的不足。

第三，规范政府购买服务流程。对于政府购买的文化服务，基层公共文化机构要按照公开、公平、公正、竞争原则，不断建立健全政府购买服务机制，逐步建立以项目申报、组织采购、项目评审、合同签订、项目监管、审计监督等为主要内容的规范化购买流程，并将政府购买服务资金纳入预算管理，进一步规范资金的管理和使用。

二、搭建社会参与的公共平台

随着农村社区的现代化发展，居民的生活水平不断提高，对各类文化的需求日益旺盛。各种社会力量需要有更多的平台和空间参与到政府购买公共文化服务中。因此，基层公共文化服务机构如何创造形式多样的公共平台，使各类社会主体更为方便地参与到基层公共文化服务和产品的供给中，已经成为基层文化发展的重要任务。

第一，设立公共文化服务发展基金。发挥政府统筹布局、政策引导作用，加快搭建一批适应多种社会力量参与意愿的平台载体。如设立公共文化服务发展基金，以政府委托、基金会运作的方式，汇集各种民间资本，建立公共文化服务扶持基金体系，为公共文化服务的发展提供多渠道的资金支持，从而使社会力量能够更为有效地承接政府的购买服务。

第二，搭建公共文化服务多领域参与平台。基层文化机构制定现阶段社会力量参与基层公共文化服务的导向目录，在基层文化服务中心的文化信息服务、文化节庆活

动、非物质文化遗产等现阶段公共文化服务薄弱环节、群众需求比较强烈、条件比较成熟的领域，为社会力量搭建购买平台，政府文化部门根据基层文化机构制定的导向目录有目的地购买文化服务。同时要积极引导和鼓励社会力量参与这些基层公共文化服务领域。

三、提升基层公共文化机构的承接能力

在我国公共文化服务体系中，政府起主导作用，特别是在现阶段，社会主体发育尚不完善的情况下，政府是公共文化服务的直接供给者，因此，在政府购买公共文化服务后，提升基层公共文化机构的承接能力，对整个公共文化服务来说意义重大。

第一，提升基层文化机构的承接效能。对于政府购买的公共文化服务，基层文化机构在承接政府购买的过程中，首先要加大宣传力度，让群众了解公共文化服务，体验公共文化服务，形成使用公共文化设施、参与公共文化活动的习惯，将公共文化服务作为文化生活中不可或缺的一部分。其次要制定服务规范，对于购买的公共文化服务项目要制定服务指引，将提供的服务内容、参与方式、费用情况公开，便于居民查询，公共文化设施要有专人负责。再次要设立服务标准，定期考核，建立服务反馈机制，收集群众的需求和意见，不断改进服务。最后要坚持服务效能与公平并重，服务人员应该本着扩大服务覆盖范围、促进服务公平的原则，推进公共文化服务公平、公正地使用，避免公共文化服务出现排他化、小圈子化的问题。

第二，提升基层文化机构与社会的互动能力。基层公共文化机构作为文化层级的最底端，既要承接上级政府文化部门的购买服务，也要与提供公共文化服务的社会组织具体接洽、沟通。保证政府购买的公共文化服务有效运转，需要基层公共文化服务机构与社会组织相互配合，还需要将单一的、垂直化的解决机制扁平化，增加基层文化机构与社会力量的相互依赖，增强它们之间的沟通的需求与意愿。对于基层文化机构而言，需要解决与社会力量之间的有效对接，另外，还需要制定一套沟通不同领域的社会组织、机构和个人的准则，如果这些工作做不好就会导致问题解决的迟滞、推诿甚至冲突。

第三，提升基层公共文化机构的协调能力。对于政府公共文化服务的购买服务，并不是仅靠基层文化机构的承接就能够完成的，还需要提高基层文化机构与上级各个相关部门以及本级政府部门的相互配合和共同促进，这就对基层文化机构的协调能力提出了更高的要求。根据基层公共文化服务的调研表明，更多时候公共文化服务建设的好坏取决于地方领导是否重视，是否愿意提供资源方面的倾斜，因此，取得地方领导的支持也是承接购买服务的重要因素。同时，在承接政府购买服务时，需要根据不同部门掌握的文化资源情况，统筹协调这些文化资源，如此可以极大地提升公共文化服务的承接效率。

第七节 社会化运营

社会化运营模式指公共文化服务的社会化发展，其基本的做法是将各类公共文化服务委托给具有资质的社会专业机构，由其代为管理和服务，实现公共文化服务的专业化发展。探索多种形式的公共文化服务社会化运营模式是现代公共文化服务发展的重要方向，它涉及公共文化服务和设施的经营和管理等多方面内容。公共文化服务的社会发展能够创新文化管理运行机制，整合多种公共文化资源，提供有针对性、有特色的公共文化服务。

基层公共文化服务社会化运营模式是政府将某些公共文化设施、公共文化活动与基层公共文化管理等公共文化服务交由专业化的社会组织和机构，由这些组织和机构代为保管、维护和经营，实现专业化、市场化与社会化运行。社会化运营模式可以有效提高文化设施的利用效率和服务功能。基层公共文化服务的社会化运营模式有三种类型，一是委托运营模式，二是群众参与运营模式，三是企业承包运营模式。

一、委托运营模式

公共文化服务社会化的委托运营模式主要有两种，即全委托运营和部分委托运营。全委托运营是指将整个公共文化服务和设施的供给和管理交由特定的社会化机构；部分委托则是将公共文化项目、物业等部分功能交由特定的社会化机构。在当前的基层公共文化服务供给中，政府直接供给和管理虽然是主要模式，但在部分发展较好的和有条件的乡（镇）地区，社会化运营模式已成为现代公共文化服务发展的基本趋势。

第一，全委托运营。政府通过购买服务的方式委托社会专业机构对基层文化服务中心进行管理，签订托管协议，明确双方职责。该模式具有以下特点：一是政府与社会组织开展契约合作，以托管方式来提供基层文化服务；二是社会组织的负责人为基层文化活动中心的主任，实行主任负责制，中心的日常工作由社会组织管理；三是文化活动中心的经费由政府全额支付，包括基层文化活动中心的人员工资、办公日常开销、基本活动经费等。

第二，部分委托运营。政府将文化服务中心的部分文化场地设施委托给专业机构管理，或者将部分文化活动项目委托给专业机构承办。该模式具有以下特点：一是政府仅将部分场地设施和部分活动项目委托给专业机构管理，政府负责监管，企业负责运营；二是政府聘用1名基层文化活动中心主任，管理基层文化服务中心的主要项目运作；三是文化活动中心的经费由政府补贴一部分，企业经营运作自筹一部分。

公共文化实体委托社会化运营的管理模式有助于公共文化服务质量的提高。如湖北省应城市探索文化馆、图书馆服务项目社会化运营，将艺术普及培训和公益讲坛等服务项目外包给第三方机构，巧借外力提升公共文化服务水平。在社会化运营中，应城市牢牢把握"政府指导"这一关键，通过公开招标、协议约定、政府监管和第三方测评等手段，建立可见可控的考核制度，有效监管运营方的履约质量，避免"一包了之"。应城市"文图两馆"委托第三方测评机构，以群众满意度为重点对两馆运行情况进行评估，评估结果与资金给付、合同续订挂钩，推动了服务商提高服务质量，并确保了其公益特征和社会效益最大化。

二、群众参与运营模式

群众是文化活动的主体，也是公共文化活动的对象。在基层文化服务中心建设中，要求在村和社区党组织的领导下，发挥村委会和社区居委会的群众自治组织作用，引导城乡居民积极参与村和社区综合性文化服务中心的建设使用，加强群众自主管理和自我服务。健全民意表达机制，依托社区居民代表会议、村民代表会议和村民小组会议等，开展形式多样的民主协商，对于基层综合性文化服务中心建设发展的重要事项，要充分听取群众意见和建议，保证过程公开透明，接受群众监督。如上海五里桥社区文化活动中心探索由社区居民组成的社区文体团队联合会接受政府委托，对社区文化活动中心进行直接管理的模式，在政府的支持下，社区居民按照"政府主导、社团管理、群众参与、社会评估"的运作模式参与管理，实实在在地成为公共文化服务和管理的主体，真正实现了群众自我管理。

三、企业承包运营模式

企业承包模式主要指公共文化有限责任公司在基层公共文化服务中心建设中的管理模式。作为文化市场的新型主体，一方面，它可以使国有的或民间的公共文化部门转化为文化经济的市场法人，从而赋予公共文化服务部门在市场经济中新的主体身份；另一方面，公私合作、商业化经营的运作方式也迫使其不断提高自身的服务效率并释放竞争活力。公共文化有限责任公司的具体实现形式比较灵活，既可以是国有独资公司，也可以是国有、民间资本共同组成的混合所有制公司。[①] 如宁波市鄞州区，通过成立"鄞州区和盛文化艺术发展公司"来推动"天天演"文化惠民工程，按照"公司运作、政府监管"的形式运作。这实际是在保留公共文化部门非营利性目标不变的基础上，对其内在的制度设置进行改变，将营利性文化企业的公司制组织形态和商业化经营方式引入其中，探索公共文化部门的市场化配置方式，其经验值得借鉴。

---

① 荆晓燕、赵立波：《社会力量参与公共文化服务体系建设研究》，载《中共福建省委党校学报》，2015(5)。

四、建立多维监管评估机制

公共文化的社会化发展是建立在政府授权的基础上，社会力量的介入实际上分享了原来由政府承担的某些职能。[1] 因此，在基层公共文化服务社会化的推进过程中，要同时加强对运行过程和实施效果的监督、评估，确保基层文化服务中心的正常运行。在对基层公共文化服务社会化的监管中，可以借鉴上海市的经验，即由行政管理部门、社会第三方、广大群众和媒体等共同参与的多维监管评估机制。

第一，组建文化执法队伍。参与基层文化服务的社会力量参差不齐，既有热心公益的社会组织和个人，也有谋取私利的社会组织和个人，因此，政府应组建文化执法队伍，加强对公共文化设施管理使用和文艺演出活动的执法监管。可以探索基层公共文化服务协管队伍，如抚顺市文化局在2019年制订了《抚顺市深化文化市场综合行政执法改革实施方案》，指出，组建市场综合行政执法队，实现"同城一支队伍"，负责本级及市辖区内综合执法工作，统一行使文化、文物、出版、版权、广播电视、电影、旅游、体育市场行政执法职责，并承担"扫黄打非"有关工作任务。

第二，广大群众和媒体监督。成立以有公益心的居民为代表的群众代表团，在对基层文化服务中心建设的考察中，委托群众代表团每半年开展一次以群众满意度为主要内容的公共文化设施建设和管理暗访工作，并邀请媒体对群众代表团的暗访的评分结果进行广泛报道。

第三，委托第三方机构评估考核。通过政府购买服务的方式，委托第三方评估机构对基层文化服务中心的文化设施建设和管理、文化服务和产品的供给等进行全面的评估考核，通过绩效考核的常态化、机制化，提升基层文化服务的社会影响力和基层文化服务中心的管理运营水平。

第四，细化问责退出机制。构建对于社会力量参与基层文化服务中心建设的问责机制，对于不达标的机构，严格按照合同规定进行惩罚；细化退出细则，制定完善的退出预案与机制，以保障其退出后能够有政府或其他组织有序接管。

总体来看，委托社会专业机构承接基层公共文化的管理运营与服务，体现出了活力强、水平高的特点，也符合党的十九届五中全会提出的国家鼓励和支持公民、法人和其他组织依法成立公共文化服务领域的社会组织，推动公共文化服务社会化、专业化发展的精神。这些社会化运营模式有助于形成运转高效、有序竞争、多元互补的公共文化服务供给体系，满足不同层次的公共文化需求。尽管上述的公共文化社会化运营模式各具特色，但也需要相应的社会生态环境，必须结合区域实际情况采用具有适应性的运营模式，才能不断提升基层公共文化服务水平。

---

[1] ［美］莱斯特·M. 萨拉蒙：《新政府治理与公共行为的工具：对中国的启示》，载《中国行政管理》，2009(11)。

第八节　民办公助

民办公助是在市场和政府都失灵的情况下而形成的"公私合作"或"公私协力"的治理模式。它是政府借助市场化机制，跟社会力量建立合作关系，共同参与公共文化服务产品的生产和供给活动。作为涉及社会公众利益事业的公共文化服务模式，民办公助已经成为国家与政府适应新时代变革，利用现代社会的专业分工和社会力量的主要手段。

民办公助指以社会公众为主体兴办各种社会事业，政府给予一定资金支持的一种建设模式。在公共文化服务供给中，政府需鼓励社会力量、民间资本积极举办公共文化服务活动、兴建公共文化基础设施或兴办公共文化服务实体，免费或低价向公众开放，政府给予一定的财政补贴或政策优惠。民办公助是政府与社会力量的协作互动，可以有效地整合和优化现有的文化资源，充分调动全社会的积极性，激发文化活力，促使政府职能在公共文化服务中得以转变。

在当前公共文化服务社会化发展中，公办民营和民办公助都是社会力量参与公共文化事业发展的重要形式。但两者有着根本的区分，公办民营指的是政府委托民间组织和机构来管理的设施和事业；民办公助指的是民间组织和机构兴办的设施和事业，政府给予一定的财政补贴。两者的根本区别在于公办民营的设施和事业产权主体是政府，而民办公助的设施和事业产权主体是民间组织和机构。

公办民营和民办公助最先发端于教育和医疗领域，近年来，随着市场经济的快速发展和民间社会力量的不断兴起，这两种模式也开始出现在公共文化领域。一般而言，公共文化服务领域的公办民营或民办公助有以下几种形式：①政府投资兴建公共文化实体，招标委托民间组织和机构来经营管理为公建民营；②政府将公共文化服务项目以特许经营或购买文化服务的方式委托给民间组织或机构或个人运营管理为项目购买；③政府将已经建成的公共文化实体委托给民间组织或机构或个人承包管理为狭义上的公办民助；④政府提供公共土地甚至是部分资金，邀请民间组织或机构共建公共文化设施和事业，并且共同招标和委托专业民间组织和机构经营管理，这种模式为"公""民"共建或"公""民"合资；⑤民间组织或者机构，包括企业或者非营利组织兴建公共文化实体，政府给予一定补助为民办公助。根据民营化的程度，我们将这五种类型做如下序列排序：

民办 ←——　民办公助　　"公""民"合资　　公办民助　　项目购买　　公建民营　　——→ 公办

其中，民办公助的模式，产权属于民间组织和机构；"公""民"合资、公办民助的模式，其实质是股权制；项目购买和公建民营的模式，其产权属于政府。目前，民办公助的模式正在不断成长，政府也采取"民办政扶""民营政管""民享政补"等制度化政策扶持文化类社会团体、民办非企业单位和基金会。民办公助的模式也需要政府的主动作用，即通过积极引导和鼓励社会组织、企业或者个人将部分文化服务活动向社会公众开放，使文化服务活动由之前的自我分享转变为共同分享。如文化人士以开办展览的途径向社会大众展示自己的文艺作品，社会组织或企业免费为群众提供演出或播放电影等。

在基层公共文化实践领域，民办公助模式需要政府的积极推动。

首先，需要建立相关的引导机制来鼓励社会力量参与公共文化建设，一是政策引导，对非政府的公共文化实体建设，着重在用地、项目建设、管理运营等方面给予政策支持，如可根据投资主体需要采取划拨方式供地，对新建或改扩建的非政府文化设施建设给予项目补助；二是服务引导，采取"专人联络、定点跟踪、限时办结"服务模式，对民营机构建设的文化实体和运营管理提供全方位、全流程、高质量的服务。

其次，针对市场规律、行业特点和投资主体意愿，探索不同的建设模式：一是民资独建，对于投资主体有意愿且有充足的项目资本，能完全按照市场化理念建设的服务项目，采取社会投资、政府补贴、独立运营的模式兴办实体，对于影响较大的项目，按照"一事一议"原则补贴；二是政企联建，对于承担公共文化职能、社会主体有投资意愿，但投资额不足的公共文化服务项目，可以采取 PPP 模式，建成后的文化实体由社会投资主体负责运营并提供公共文化服务。

最后，采取多种补贴和支持措施，推动民办组织和机构更好地提供公共文化服务。一是给予运营补贴，对免费开放的民营文化设施，根据免费开放的天数，参观人数等给予日常运营补贴；二是加大购买服务力度，积极探索通过提供文化项目补贴、资助公益文化活动及实行文化消费直补等形式丰富公共文化服务社会化供给措施。

第九节　志愿者服务

文化志愿服务属于志愿服务的重要组成部分，是现代社会文明程度的重要标志，对于培育和践行社会主义核心价值观，引领社会文明风尚具有积极作用。近年来，党和国家高度重视文化志愿服务工作，党的十九大明确提出了推进"志愿服务制度化，强化社会责任意识、规则意识、奉献意识"的要求。国家文化部门连年召开全国文化志愿服务工作会议，并出台了《关于广泛开展基层文化志愿服务活动的意见》等文件，推动文化志愿服务工作纳入现代公共文化服务体系建设重点内容和国家文化发展总体战略。

文化志愿者是志愿者队伍的一个有机组成部分，是指不以物质报酬为目的，利用自己的时间、文化知识或文化、艺术及体育等技能自愿为他人和社会提供文化艺术服务的人。它与普通志愿者不同，文化志愿者强调通过自己的文化技能来达到为他人提供公益性文化艺术服务的目的，更加具有文化属性，更加专业化、具体化。随着文化志愿者的产生和文化志愿机构的建立，文化志愿服务蓬勃发展，特别是近几年来，文化志愿服务发展呈现出从临时向常态、从个体向团体、从文化系统干部职工向全社会成员拓展的趋势。广大文化志愿者面向基层、服务群众，从群众实际文化需要出发，开展了大量的、日常的文化志愿服务活动。在当前文化志愿服务的社会参与氛围日渐浓厚的情况下，如何推动志愿者服务成为基层公共文化服务发展的重要议题。

一是组建多样化的文化志愿者团队。各基层文化服务中心除了鼓励普通居民自发组织文化志愿者团队外，还应根据社区（村）独特的居民资源组织有特色的文化志愿者服务。在基层文化服务和产品的供给中，人才队伍是重要推手，而文化志愿者团队的参与能够有效地解决基层文化人才匮乏的问题。在基层，许多大型文化艺术活动，都需要多种类型的文化团队参与，这些文化志愿者团队来自村（社区）、社会组织、学校或企业等。因此，政府要积极扶持文化志愿者团队，一要帮助组建文化志愿者团队，文化事业单位协同文联、居委会或村委会等发掘基层业余文艺骨干和民间艺人，依照他们的文艺特长组织成立各种类型的文化志愿者团队；二要加强对文化志愿者团队的业务指导和培训，政府文化部门应对文化志愿者团队进行多层次的专业培训和技能辅导，以便提供更加优质的公共文化服务。

二是整合各类资源推动文化志愿服务。目前基层文化志愿服务才刚刚起步，部分地区对文化志愿服务的内涵和实质理解不够深入，并且文化志愿者类型也相对单一，各种文化资源分布较为零散，因此，整合各类文化资源，其目的在于使文化志愿服务在社会中形成规模效应和示范效应。一方面，需要加强政府支持力度，志愿活动中所需的人、财、物等给予必要的支持，积极扶持一批品牌志愿服务项目，这能够保证大多数人平等地享有公共文化服务，也可以起到示范引领的作用；另一方面，利用各种资源积极发展各种类型的文化志愿服务团体，形成自发自觉的文化组织，自动提供文化志愿服务，这些志愿服务团队既包括业余文化志愿团队，也包括各类群众文化志愿服务团队，通过其示范效应，促使更多的人、更多的团队加入文化志愿服务中。例如，上海五里桥街道文体团队联合会整合辖区内各种文化资源成立了公益文化志愿服务团队，引导公益文化志愿者自愿主动进社区服务。该团队由公益文化社区服务队、文明劝导服务队、会务剧务服务队、社区健身器材维护服务队、健康旅游服务队等 7 支队伍组成，分别承担着为社区提供文艺演出配送服务、文体指导员配送服务、文体十分钟生活圈服务、非遗文化传承服务、摄影书画服务、微课堂培训服务等多项文化服务职能。又如，由镇江市文化广电新闻出版局领导、镇江市文化馆运作的公益性社会组织，以文化馆业务干部为主导，吸引、整合社会培训机构、学校、企业、社区等公共文化资源成立了镇江市公益艺术培训联盟，全面开展全民艺术普及活动。自 2016 年 3 月启动以来，截至 2019 年 6 月已有 56 家成员单位和 65 个公益培训教学点，基本覆盖全区，全面开设各类艺术培训 100 多个，各类艺术讲座 20 余场次，参培人员达 5000 多人次。

三是推动文化志愿者团队管理机构建设。在政府的主导下，文化志愿服务需要组建专门的机构来管理、组织、引导文化志愿服务工作，这样才能保证文化志愿服务的长效推进。基层文化服务中心在推动建立各类文化志愿团队时，需健全文化志愿者团队决策机构，通过成立董事会、理事会等，真正按照章程运作，形成民主决策机制，使文化志愿者能够参与到有关其自身利益的决策过程中，真正成为文化志愿组织的主体。基层文化服务中心在推动文化志愿服务时，也要争取上级政府的支持、坚持团队自治管理的办法来唤醒居民的文化自觉性，如嘉定镇街道文体中心的 30 位群众文化志愿者建立了"聚乐轩"志愿服务团队，该志愿服务团队组建了 1 个会长，1 个常务副会长，6 个分别代表音乐、舞蹈、戏曲、读书、摄影、书画的副会长，以及不同文化团队队长的 18 个委员的理事会。

四是建立文化志愿者管理制度和信息库。在推动文化志愿者服务的过程中，除了制定相关的文化志愿服务管理办法来指导志愿者开展服务工作外，还要探索打造文化志愿服务网络平台和文化志愿者的招募注册、培训机制建设。建立文化志愿者网络信息平台，利用技术化手段，全力打造集文化志愿者服务项目招募、文化志愿者注册、文化志愿者档案管理、文化志愿者评价反馈、检索志愿者岗位需求等多种功能于一体的网络信息库，并通过各方登录权限的控制，实现文化志愿者个人信息的保密和服务信息的公开透明，实现文化志愿服务中多方的交流与互动、文化支援服务与群众需求对接等目标。同时，探索为文化志愿者提供文化服务的激励机制，培育文化志愿服务的培训基地等。

第十节　自我服务

公共文化服务的自我（自主）服务是以社区（村）居民为主体而开展的公共文化服务。社区（村）居民是公共文化服务的主体，也是公共文化服务的对象，推进以社区（村）居民为主体的文化服务，肯定了居民在公共文化服务中的主体地位，他们在公共文化服务中的积极参与，有利于发挥社区（村）自治组织的作用，也有利于构建公共文化服务的内部供给渠道。公共文化服务的自我（自主）服务需要充分调动居民的积极性，通过结合居民的爱好和特长，引导他们积极参与公共文化服务，从而构建基层公共文化服务自我（自主）服务的基础。

其中，基层社会内部文化人才队伍是基层文化服务中心建设的生力军，是推动基层文化大繁荣大发展的重要推手，加强基层社会内部文化人才队伍建设，不仅是构建公共文化服务体系的现代化要求，也是推进基层文化治理的必然使命。当前基层公共文化单位人才匮乏已成为不争的事实，一是缺乏专业化的文艺人才；二是人员年龄老化、结构不合理。因此，政府在现有财政编制紧凑的情况下，通过向社会力量设置购买公益岗位，充分挖掘社会内部民间文艺团队、社会文艺人才等，是解决基层文化人才队伍匮乏和实现公共文化自我（自主）服务的有效途径。

首先，充分挖掘民间文艺团队力量。民间文艺团队的参与是基层文化活动的重要方式。在基层文化服务和产品的供给中，文化人才队伍是重要推手，而民间文艺团体的参与充分地调动了社区（村）内部力量，是实现公共文化自我（自主）服务的一种形式，也有效地解决了基层文化人才匮乏的问题。在基层，许多大型文化艺术活动，都有民间文艺团体的参与，这些民间文艺团体来自村（社区）、社会组织、学校或企业的业余文艺团体等。因此，政府要积极扶持民间文艺团体的发展。一要帮助组建民间文艺团体。文化事业单位协同文联、居委会或村委会等，发掘基层业余文艺骨干和民间艺人，依照他们的文艺特长组织成立各种类型的文艺团体。二要培养民间特色文化艺术团体。政府部门应深入挖掘民间文化遗产的艺术价值，把民间传统文化资源和群众文化资源集聚起来，努力打造具有地方性特色的文化艺术品牌。三要加强对民间文艺团体的业务指导和培训。政府文化部门应对民间文艺团体进行多层次的专业培训和技能辅导，同时编印一些适合民间文艺团体的"舞蹈、小品、相声、地方戏曲"等文艺表演形式，为民间文艺团体提供丰富的表演空间。

其次，高度重视社会文艺人才资源。社会文艺人才是基层公共文化活动的骨干力量。政府在基层文化服务中心人才队伍建设中，需要不断地挖掘社会上各类文艺人才资源，来充实基层文化人才队伍。通过掌握文艺人才资源情况，对各类文艺人才的存量结构、流量流向、资源储备、需求预测、发展对策等进行深入研究，使得文艺人才的使用、培养和引进工作从经验管理向科学管理、运动管理向制度管理、事务管理向战略管理转变，进而提高文艺人才工作的科学化、规范化、制度化、透明化程度。对于挖掘社会文艺人才资源的举措有以下几个方面。一是建立文艺人才信息库。文化行政部门、文联、社科联、群众性自治组织（居委会、村委会）要通力合作，积极挖掘社会上各类文艺人才，建立社会文艺人才库，分门别类，登记造册。二是大力培养本地文艺人才。充分发挥老一辈文艺名家"传帮带"作用，支持本土优秀中青年文艺人才，吸纳企业中的高层次文艺人才，重点培养品牌领域人才。三是着力发掘和培养文艺新人。根据新的形势，开辟新的途径，多渠道发现、引导与培育新的文艺人才，对青年文艺人才，要积极为他们深入生活、潜心创作、深造培训创造有利条件。四是建立完善文艺激励机制。积极表彰优秀的文艺工作者，出台一批文艺人才队伍建设方面的政策文件，加强制度保障，多渠道筹集人才培养专项经费。如镇江市通过建立社会力量参与公共文化服务的奖励制度，每年度都开展全市优秀民营和群众文艺社团以及个人的评选表彰活动并给予获奖者一定数额的奖励金，有力地调动了各类民营和群众文艺社团及优秀文艺工作者参与公共文化服务的积极性。

再次，积极引进文化社工发展模式。文化社工是基层文化服务中心人才队伍建设的质量保证，有助于公共文化自我（自主）服务发展。政府文化部门在强调基层公共文化服务的社会化的同时，还需重视基层公共文化服务的专业化，社会化是有专业化的社会化，不能脱离专业化一味强调社会化，社会化决定了基层公共文化服务的发展活力，专业化则决定了基层公共文化服务的发展水平。在基层文化人才队伍建设中，引进一些具有专业素养的文化社工，有助于基层文化服务水平的提升，能够有效弥补居民自我（自主）服务发展中的不足成分。目前，文化社工主要集中在大中城市的高档社区，而对基层公共文化服务的供给则极为薄弱。而深圳市的做法则提供了有益的经验探索。深圳市政府出台《深圳市社会工作岗位管理办法》，将文化服务工作纳入全市社会工作范畴，通过设置文化社工职位的方法，根据一定的人口比例，公开向社会购买文化服务，在每个街道配备两名文化社工，在社区配备一名文化社工，有效解决了文化室人员短缺的问题。因此，有条件的地区可以推进文化社工服务发展。

最后，探索建立居民的自我管理机制。在基层文化服务中心建设过程中，人民群众不仅是公共文化服务被动接受者，更应该成为基层公共文化服务的组织者和文化产品的创造者。在充分发挥居民参与文化活动积极性的同时，积极引导居民自我管理、自我服务、自我创造，并与基层治理相结合，以此提升居民自我管理的水平，创新基层公共文化管理机制。一是健全基层群众自治机制。只有把广大基层群众的文化参与和创造活力充分激发出来，基层公共文化服务社会化才能与基层文化服务中心建设建立起内在的联系，因此在基层文化服务中心建设中，需要扩大基层群众自治范围，完善基层民主管理制度，提高民主决策，规范民主程序，鼓励和加强基层群众对公共文化事务的参与。二是发挥基层群众性自治组织的作用。在政府资金投入、设施建设、人员配备等方面的支持下推动开展基层公共文化服务参与式管理，推广居民、村民评议等行之有效的做法，健全民意表达和监督机制，引导社区居民和村民参与到公共文化服务项目的法规制定、建设、管理和监督中去，维护群众的文化选择权、参与权和自主权。

第四章　社会力量参与公共文化服务的实践探索

　　2017年颁布施行的《中华人民共和国公共文化服务保障法》第四十二条规定，"鼓励和支持公民、法人和其他组织通过兴办实体、资助项目、赞助活动、提供设施、捐赠产品等方式，参与提供公共文化服务"。公共文化服务不仅需要依靠国家自上而下的供给，也需要社会力量自下而上的参与。激活社会力量参与公共文化服务，可以形成公共文化服务的多元主体供给格局和多元化供给方式，改变过去政府文化机构单一供给的弊端，提供更加丰富多样的文化产品和服务，更好地满足人民群众的精神文化需求。国家公共文化服务示范区创建标准第四条也明确规定要加强"公共文化服务社会化建设"，各创建城市积极推进社会力量参与公共文化服务，通过建立健全政府向社会力量购买公共文化服务机制，鼓励社会力量参与提供公共文化服务，发展文化志愿服务，培育和发展公共文化服务领域的社会组织等多方面创新，率先建立了现代化的公共文化服务多元供给体系。本章在众多创建城市中选取了几个在社会力量参与公共文化服务方面形成典型经验、取得显著成效的探索实践案例，以期为其他地方进一步促进社会力量参与公共文化服务提供借鉴和参考。

第一节　宁波鄞州：三化同步，分类创新①

　　宁波市鄞州区根据党中央、国务院关于社会力量参与公共文化服务的系列政策精神，依托区域经济社会发展基础坚实、历史人文底蕴深厚、民营经济发达的优势，大力推进文化改革发展，努力激发社会团体、公益性组织、企业、公众个人等社会力量的文化自觉，在引导和鼓励社会力量全方位参与公共文化服务方面进行了积极探索，有效破解了有限公共财力物力与人民群众不断增长的文化需求之间的矛盾，构筑起了

---

　　① 参见《鄞州形成引导和鼓励社会力量参与公共文化服务"鄞州模式"》，http://www.zjcnt.com/content/2015/10/19/256302.htm，2020-08-06。

政府、社会力量共同参与、互动开放的公共文化服务格局。

经过十余年探索发展，形成了引导和鼓励社会力量参与公共文化服务的"鄞州模式"：坚持以制度创新为引领，制定出台40多个相关文件，形成了社会力量参与公共文化服务的体系框架和多样化路径方式；坚持发挥政府财力对社会资本的撬动作用，政府财力和社会资本以1∶10投入设施建设、1∶5投入活动运作，累计达15亿元，极大提高了公共文化服务的长效投入；坚持发挥社会力量参与公共文化服务的均等普惠作用，"天天演"等公共文化产品深入基层比例达95%；坚持公共文化设施和活动的社会专业化运作，有力提升了公共文化设施的服务效能和公共文化活动的社会参与度。

一、立足于实体化，引导社会力量建设公共文化设施

一是投资建设型。以民办博物馆为突破口，于2008年率先出台《关于鼓励促进鄞州区民办博物馆发展的意见》及相关"实施暂行办法"等专项政策，通过对民办博物馆建设实行建成、门票、临展、租赁等补助，以及评估定级奖励、年度绩效考评等措施，建立起"民办政扶、民享政补、民营政管"的社会力量投资建设公共文化设施新模式。在政策的激励引导下，一时间鄞州掀起了民办博物馆建设热潮，从2008年首家民办博物馆紫林坊艺术馆建成开馆，截至2020年，已开放各类民办博物馆18座，民间资本投资兴办博物馆近10亿元，占总投入约70%，民办博物馆参观人数累计超200万人次。在民办博物馆的示范带动下，2013年由飞越时空公司投资2亿元的飞越时空大剧院项目落户鄞州。2015年又筑巢引凤成功引进龚鹏程国学院宁波分院。

二是无偿捐赠型。出台激励政策，规定企业和个人对公共文化设施建设的捐赠，在其缴纳企业或个人所得税时，允许其在一定比例内予以扣除；同时加强评价体系建设，对参与公共文化场馆捐赠的企业和个人在社会荣誉上给予充分肯定，用激励手段调动起了社会力量出资捐赠、兴建大型公共文化场馆的积极性。如邱隘文化城建设吸引社会捐赠260万元等。

三是设施共享型。引导和鼓励企业加大对企业文化设施建设的投入，兴建各类文化场馆设施，并向社会公众开放，既提高企业文化设施使用率，又担负起企业的社会责任。在政府的号召和扶持下，钱湖天地、音王集团、广博文具集团等一批大型企业相继建成了系统名下的文化广场、图书馆、文化馆等公共文化设施，在服务企业内部的同时向社会免费开放，有效实现了企业文化打造和公共文化服务的无缝对接，促进了全区公共文化场馆的均衡化布点。

二、立足于市场化，引导社会力量运作公共文化设施和文化活动

一是设施托管型。2003年起就对区文艺中心以面向全国公开招标的方式委托专业文化公司全面托管，实现管理的专业化和设施、设备、人才、市场等资源的有效整合。2013年起又在乡镇影剧院进一步探索托管服务机制，按照"公益化定位、目标化管理、

绩效化考核、专业化操作、市场化运营、优质化服务"的目标，在省内首推"1＋X"城乡演出院线模式，"1"即宁波逸夫剧院组建的专业团队，"X"即鄞州各乡镇影剧院，政府委托 1 对 X 进行运营管理，通过以城带乡，建立统一的专业管理平台、演出采购平台、票务流通平台等，促进城乡演艺资源的有效整合，实现乡镇影剧院的一体化经营管理。截至 2020 年，已有集士港镇、五乡镇、姜山镇 3 家影剧院加盟，累计举办各类演出150 余场，观众 9 万余人，平均上座率 70％以上，实现了政府、企业、群众、社会的多方共赢。

二是活动运作型。以承办公益节庆文化活动为切入点，出台《关于引导和鼓励社会力量举办公共文化活动实施办法》，通过活动申请、活动审批、组织实施、监督审计、政府补助等系列规范程序，鼓励企业、民间组织或个人投资举办或参与运作公益性公共文化活动，经考核达到预期成效的，政府将给予活动总投入额 20％的资金补助，从而激发了社会力量举办公共文化活动的热情，仅 2014 年就带动社会力量投入公共文化活动 400 余万元。如民营企业参与运作的鄞州"梁祝爱情节"已连续举办六届；宁波世纪泰丰集团有限公司在鄞州钱湖天地音乐广场成功举办"海上丝路城市音乐节"三届；宁波歌乐文化传媒发展有限公司举办的"乡村之间"文艺擂台赛，为各村留下了原创节目，培育了文艺骨干；同样由歌乐文化公司承办的鄞州首届网络春晚，视频点击率位列全国第三位；汇港美术馆每月一次公益展览，不定期举行音乐会，丰富了市民文化生活。

三是冠名赞助型。积极探索调动民间资本冠名赞助公共文化活动的途径，并充分保障赞助方的冠名权和对资金使用的监督权，确保其能通过参与公益文化活动宣传自身形象，扩大社会影响。目前，这种冠名赞助的方式已渗入鄞州区本级以及乡镇节庆活动、下乡演出、文化赛事等各类公共文化活动领域，为活动的顺利开展提供了广泛的资金来源，企业在冠名赞助同时也得到了较好的品牌广告效应。

三、立足于基层化，引导社会力量参与公共文化服务

一是服务外包型。2009 年推出"天天演"文化惠民工程，专门组建专业性的和盛文化演艺公司，采取"政府采购、公司运作、全民享受"的服务外包运行方式，由和盛公司统筹负责"天天演"节目采购、演出配送和组织实施，政府则负责采购和演出质量的监督。该模式不仅把分散的多主体采购变为全区集中的"一揽子"采购，大大降低了演出采购成本，而且在演出组织实施上充分利用了专业文化公司的人才、资源优势，通过变各自零散运作为集约统一运作，缓解了基层文化站人手紧、力量弱、不专业等问题，提高了演出活动的专业化程度与服务效率。自 2009 年实施以来已演出 6724 场次，观众 700 万余人次，深入基层比例高达 96.3％，并荣获全国"项目类"群星奖。在总结从 2009 年至 2014 年五年运作实际的基础上，2015 年又着手探索实施"天天演"区文艺中心半公益演出和送纯公益演出下乡相分离的运作机制。将区文艺中心的半公益演出

通过竞争性谈判方式交给市场主体运作，政府则承担监管职能；政府将主要精力放在属于公共文化服务范畴的下乡演出上。上半年中标单位千秋文化已开始试水区文艺中心演出商业运作，引进了马克西姆钢琴独奏会和安宁钢琴演奏会等高水准演出，取得了较好的经济效益和社会效益。

二是社团服务型。通过资金扶持、等级评估、指导培训、培育精品等方式加大对基层业余文化团队的扶持和激励，并积极引导社会力量参与其中，一批企业家和文艺爱好者根据自己的爱好领域纷纷通过个人出资或筹资的方式组建基层业余文艺团队，组织开展基层文化活动，一部分人还主动担当"团长"，负责团队日常运行，实现了从"自娱"到"娱人"的转变。如宁波华茂外国语学校教师姜红升辞职组建"红牡丹"书画社，义务教授外国友人学习中国书画；鄞州民营企业家王贤国放弃经营酒店正业担任业余剧团团长；70岁高龄的文化义工毕素娥每天走村串巷免费教授腰鼓等。截至2020年，鄞州共拥有基层业余文艺团队700余支，相对固定成员2万余人，每年组织基层公共文化活动1000余场次，已成为鄞州丰富基层公共文化服务、活跃基层群众文化生活的一股重要中坚力量。

三是义工服务型。引导一批有文艺专长的业余骨干和热心于公共文化服务的志愿者组建文化义工队伍，配合政府主动介入基层各项公共文化服务，如开展文艺辅导、组织文化活动、参与文化设施管理、承担全区文化场馆和文化活动的满意度测评调查、搜集群众文化需求反馈等。截至2020年，鄞州"天天"文化志愿者队伍达5000余人，形成了"区总会—25个分会—400多个小组"的网络体系。如"邱隘文化义工"以"专业化的义工队伍、日常化的义工服务、制度化的组织运行、人本化的义工回馈、稳定化的义工团队"为特色，在文化义工的组织参与下每年举办各类文化活动80余次，图书馆等公共文体场馆每年接待8万余人次，有效破解了邱隘镇基层公共文化服务人才与人员短缺的矛盾。

四是自办分享型。积极支持和鼓励个人组织举办面向公众免费开放的公共文化服务活动，实现文化资源、活动由"自享"到"分享"的转变。鄞州地域文化名人通过展览、展演等方式，向群众展示其文化艺术作品的现象较为普遍，近几年来，先后由个人组织举办了谢根芳小提琴演奏会、龚建军个人画展、钱继峰个人摄影展等多场展览、演出。

案例点评：宁波市鄞州区通过贯彻制度引领、财政撬动的指导思路，按照利益均衡、均等普惠的操作原则，充分调动了企业、社会组织、个人参与公共文化服务的积极性和创造性，形成了多种样态的政府与企业、政府与社会组织、政府与个人的合作模式，不仅显著提升了社会力量参与公共文化服务的广度和深度，也有效促进了公共文化服务的均等化、精准化和参与水平。

第二节　深圳福田：制度驱动，资源带动

　　引进社会资源参与公共文化建设，是新时期公共文化服务体系发展的重要趋势。早在 2005 年，深圳市福田区就在这方面进行了卓有成效的探索，为国家的公共文化服务体系建设提供了宝贵的参考经验。近年来，福田区以创建国家公共文化服务体系示范区为契机，大力开展公共文化建设，示范区创建工作与课题研究同步实施、统筹推进。借由创建实践经验，福田区以公共治理理论为基础，根据国家制定的法规政策，结合辖区实际，围绕政府资源带动、政策制度驱动两个方面来进行顶层设计，制定促进社会力量参与的总体规则，最终形成了福田公共文化社会建设"1＋1＋N"系列文件。这也是我国在公共文化社会建设领域首部地方出台的系统性、规范性制度成果。理论与实践的紧密结合、相互推动，打造出了社会力量参与公共文化服务的福田样本。①

　　2003 年，首届"中国·深圳标准舞、拉丁舞世界公开赛"在福田举行，福田区率先探索吸纳社会资源参与。2012 年，福田区在深圳市较早设立了区级宣传文体事业发展专项资金，这更是撬动社会力量深度参与全区公共文体事业建设的全新探索。福田区很多重要的文体品牌活动，诸如深圳国际打击乐文化节、中国（深圳）国际嘻哈文化节等，吸引了社会力量的大力支持和参与，不仅节约了政府的人力、物力和财力，更提升了活动的专业性，让公共文化服务有的放矢，让居民各取所需。

　　虽然福田区在促进社会力量参与上取得了一些创新探索，但从更大范围的资源进入、更加有效的资源利用、更为常态的资源保障来看，还存在着"顶层制度设计不足""场地资源开放力度不够""活动品牌影响力不够"等一些问题。2013 年 11 月，福田区代表深圳市取得了创建国家公共文化服务体系示范区的资格，并选取"社会力量参与公共文化服务研究"作为研究课题，以期通过制度设计和政策导向，促进社会力量参与公共文化建设。2013 年年底，福田区制定《创建国家公共文化服务体系示范区制度设计研究方案》，并成立制度设计课题组，与中国文化传媒集团合作，开展课题研究。

　　福田区制度课题研究成果最终转化为全国首部地方系统性、规范性制度成果，并于 2015 年 7 月 23 日，经区政府六届 79 次会议审议通过，形成福田区公共文化社会建设"1＋1＋N"系列文件。"1＋1＋N"中，两个"1"分别是指《中共福田区委、福田区人民政府关于鼓励社会力量参与公共文化建设的若干意见》和《福田区宣传文化体育事业发展专项资金管理暂行办法》；"N"是指在公共文化若干领域的具体实施办法，包括《福田区扶持非国有博物馆暂行办法》《福田区引进世界冠军和文化名人暂行办法》等 9 个文件。系列文件虽然数量众多、看似复杂，实际上却是体系完整、并行不悖的。主文件

―――――――――

① 参见《"1＋1＋N"社会力量参与　福田破公共文化服务之题》，载《深圳新闻网》，2015-12-15。

是从 6 个方面为社会力量参与区文化建设指明方向的纲领性文件及专项资金使用管理规定，其作用是对配套制度的制定与实施进行指导，不断拓展社会力量参与公共文化服务的广度，不断撬动社会资金投入公共文化服务的深度，在公共文化建设管理体制、人才资源、资金投入、文化阵地、产品供给、制度保障等方面形成新的格局。9 个配套文件则是如何使用专项资金鼓励社会力量，同时吸引社会资本参与公共文化建设的具体实施细则，涵盖名人引进、现代戏剧、低票价惠民、群众文体团队、公益广告等公共文化的方方面面，使各个文化领域从此有章可循。

这部政策制度成果涵盖了公共文化服务体系建设的政策、手段和措施，详细阐释了社会力量参与公共文化服务所涉及的资金扶持、配套政策以及实施细则等，既是对社会力量参与公共文化服务的顶层制度设计，也是一部极具科学性、系统性、规范性、实操性的系列指导手册。特别是 9 个文件成了社会力量在公共文化若干领域的行动细则，并构建了社会力量参与福田区公共文化服务和建设的实践指南。

一、引导和培育文化类社会组织

福田区不断创新文化组织政策扶持机制，带动当地文体类社会组织的蓬勃发展。在福田，活跃着许多群众文化团队，既有爱好文化活动的群众自发成立的综合文化团队及群众特色团队，也有各街道属地国家机关、企事业、部队及学校等单位非职业文化团队，以及其他在区民政局登记注册或在区文体局与各街道进行备案的文化团队，团队级别包括区级品牌团队和街道重点培育团队。

为了鼓励这些社会组织积极参与公共文化建设，福田区制定了《福田区群众文化团队扶持暂行办法》。区文体局对区级品牌团队予以重点扶持，打造精品群众文化团队，对被评为区级品牌团队的一次性给予 3 万至 5 万元扶持资金；街道对各群众文化团队进行资助，对被评为街道重点培育团队的一次性给予 1 万至 3 万元扶持资金；区文体中心、区群文学会、各街道群文协会协助做好业务指导、项目申请等相关工作。各群众文化团队的优秀公益项目可申请福田区宣传文体专项资金资助，区级品牌团队和街道重点培育团队可优先申报。受区政府委派参加文化活动或比赛的团队，参加区政府举办的文化活动或比赛的团队，可申请福田区宣传文体专项资金全额资助；自发或受邀参加各级文化部门认可的重大文化活动或比赛的团队，可申请福田区宣传文体专项资金比例不超过所需总经费 50％的资助。

区级品牌团队和街道重点培育团队可优先获得代表福田区外出展演及比赛的机会。在区文体局与各街道备案的团队可以优先使用区属文化体育场馆及各街道文化体育场馆的排练场地，区文体中心及各街道予以协助，并做好排练场地安排与使用登记工作，并提供人员指导、演出活动上的支持。在各群众文化团队建立相应财务制度，确保资助资金专款专用，并配合区有关部门做好审计工作，各街道承担指导监督职责。

为了更好地整合政府和社会力量，持久打造群众文化品牌，2014 年 10 月，福田区成立了深圳市第一个区级群众文化学会。学会成立以来，开展了一系列丰富多彩的群众文化活动，同时在群众文化理论研究、艺术活动、讲座及培训等方面做了大量扎实的工作，取得了显著成绩。

多年来，福田区通过采购服务、委托实施等办法，建立起社会组织直接高效参与公共文化服务配送的机制，将来自基层的文化需求第一时间转化为送进基层的文化服务，常态化实施"文化民生微实事"工程。

二、推动社会力量参与文化治理

根据理论制度设想，福田区积极致力推动社会力量共同参与公共文化治理，创新文化治理模式，实现文化治理能力现代化。福田区设立全国首家区级文化议事会，先后聘请 19 位境内外文化专家担任文化顾问和文化议员，制定"提案、质询、调研、评议、督办"五项制度。在此基础上福田创设"文化三会"，即示范区理事会、文化议事会、文化事业项目理事会，吸收各界代表参与福田区公共文化服务的决策、评估和咨询工作，尝试构建文化治理的新体制，创造社会力量参与公共文化服务决策咨询的新模式。这一创新举措得到中宣部等的高度关注和重视，形成调研报告上报中央全面深化改革委员会，改革委员会认为这是一项文化体制机制的创新亮点。这一创新举措在全市得到示范推广。

福田是深圳艺术消费最集中的地方，辖区内有各种社会培训机构。为了规范市场竞争秩序，促进行业发展和教学水平的提高，2004 年，福田区通过调研，成立了全国首家文化艺术培训行业协会，对福田区钢琴、电子琴、小提琴、美术、书法等艺术学科的学费价格进行规范指导。协会的成立，弥补了辖区教育资源不足的困境，在师资人员培训、品牌文化项目建设等方面做出了很多贡献，现已发展成为福田区十大文体品牌协会。

福田还在全国率先尝试引入社会组织进行街头艺人自治管理。针对我国尚无街头艺人规范管理政策法规的现实，引入社会组织开展自治，全面试行"固定位置、抽签派号、持证上岗、行业管理"模式，引起中央电视台、人民网、新华网、凤凰卫视等国内各大媒体广泛关注，在全国产生积极影响。

三、拓展文化名人资源，形成多方共赢的参与局面

福田区制定出台《福田区引进世界冠军和文化名人暂行办法》，对引进途径、合作方式、支持形式、保障措施和考核要求等做出规定。目前已形成"名人＋"合作框架：即"名人＋公益""名人＋顾问""名人＋宣传""名人＋市场"，与名人合作举办群众文体活动，由政府提供启动资金补贴，补贴对象是具体的项目而不是特定的个体，同时吸引社会资金的积极参与。截至 2015 年，已先后引进郎朗、孟京辉、印青等文化体育名人，已合作举办名人活动 15 大项 66 场次，如郎朗·深圳福田国际钢琴艺术节、孟京

辉话剧演出季、印青创作歌曲《深圳之夜》和《红树林之恋》等；还有由名人带来的社会力量加入公共文化建设，如宋庆龄基金会等。

通过名人所带来的高端资源，福田区吸引更多的世界名人、国际团队来到深圳。在提升文化氛围、提高文化服务内容品质的同时，不仅带动了社会多方资金的投入，形成社会力量共同办公益文化的良好氛围，也让市民群众能免费或优惠地参与各种文体活动，并最终受益。通过积极发挥顶层制度的驱动作用和资源、资金的杠杆作用，鼓励扶持社会力量承办公共文化活动、参与公共文化服务，福田区形成了"政府主导、社会参与、市民共享"的良好局面。从2010年到2013年已累计扶持"深圳国际打击乐文化节""中国(深圳)国际嘻哈文化节"等项目232个，实际资助金额1.5亿元，撬动社会资金约1亿元，同时，打破完全由政府主导的单一形式，建立起"均等、专业、多元"的三层供给模式。即基本公共文化服务由区公共文化服务机构主办，如面向市民的公益培训等；大型品牌活动由资金资助、政府主导、社会文化组织和企业承办，福田于2014年、2015年连续举办户外古典音乐节"莲花山草地音乐节"，共举行8场音乐会、受众13万人次；设立专项经费扶持优秀群众文化团队和作品，如文化惠民活动"福田公益练歌房"等。社会力量的广泛参与，使福田实现了文化建设主体多元化、参与开放式、格局全方位的新局面。

案例点评：福田区以公共治理理论指导地方公共文化政策制定，通过顶层设计为辖区社会力量参与公共文化服务提供了资源带动和制度驱动的双动力发展机制。通过政策扶持、机制引导培育出大量文化类社会组织，通过制度创新推动了社会力量参与文化治理，通过挖掘名人资源，形成文化名人参与公共文化服务的"名人＋"合作模式。理论与实践的创新互动，推动福田区形成了社会力量参与公共文化服务的品牌化、治理化和高端化的发展格局。

第三节　四川成都：激活多元主体，形成多元模式

中共成都市委十二届三次全会决定中明确指出："深入推进国家公共文化服务体系示范区建设，探索建立政府主导、社会参与、机制灵活、政策激励的公共文化服务供给模式。"近年来，成都市正在探索鼓励社会力量参与公共文化服务建设的新模式，通过兴办文化实体、资助文化项目、参与文化活动等方式多渠道拓展公共文化服务的供给途径，逐步形成全社会积极参与公共文化的生动局面，这为实现成都文化大繁荣大发展，建设"文化之都"打下了坚实基础。

近年来，四川省成都市文化馆在政府面向社会力量采购公共文化方面逐步展开探索，积极创建政府购买公共文化服务的多样化形态，在理论与实践方面都迈出了坚实

的、具有实际意义的探索步伐。①

一、"三部曲"：探索向社会力量购买公共文化服务机制建设

近年来，成都市文化馆就如何以群众需求为导向，生产和提供既贴近人民群众，内容丰富形式又亲民，服务灵活运作又方便的公共文化产品进行思考和调研，写出"引入社会力量，疏通购买渠道"；"培育社会团体，形成采买网络"；"搭建交易平台，实现供需平衡"的购买公共文化服务"三部曲"。

在"引入社会力量，疏通购买渠道"阶段，选取部分公共文化项目和公共文化产品，选择熟知公共文化服务行业的社会机构、社会组织，以委托、合作形式对公共文化设施、活动、刊物、培训等运作经营，努力实现公共文化项目特点与市民文化需求对接，使百姓"点菜"成为政府购买公共文化服务的重要依据。

在"培育社会团体，形成采买网络"阶段中，注重与各类社会文化公司合作，以社会化产品运作的方式和理念运作公共文化服务产品，营造向社会力量购买公共文化服务的良好环境，挖掘、培育、扶持一批社会文化组织，有效激发社会参与公共文化的热情。

进入"搭建交易平台，建立供需平衡"阶段，在政府（采购方）、社会力量（采购对象）、群众（受惠方）三者之间搭建一个高效、便捷、规范的公共文化产品供需交易平台，形成一个产品生产和社会需要的交易市场，形成管理科学、标准规范、资源整合、供需平衡、高效运转、均等覆盖的全市公共文化服务体系。具体而言，体现为以线上和线下相结合的方式创建"公共文化服务超市"，展示并交易公共文化服务和产品，该"超市"集合了全市各级文化馆、图书馆、博物馆、美术馆、非遗中心、艺术院团和各类社会文化组织的优秀文化资源并向市民开放，文化产品、文化项目像在超市里一样"摆起卖"，市民看到喜欢的就可以向政府推荐，政府将根据市民的推荐，进行公共文化产品采购。通过这种形式能够真正采买到形式新颖、内容丰富的公共文化服务和丰富、多元、优秀的文化精神产品，有效满足市民文化需求，也为政府、事业单位落实好向社会力量购买公共文化服务，提供了丰富、多元、优秀的社会供应主体和多样性选择，在政府（采购方）、社会力量（采购对象）、群众（受惠方）三者之间，搭建了一个可以面对面沟通的高效、便捷、规范的采购服务平台。

二、"八实践"：探索向社会力量购买公共文化服务主要形式

优势合作创新文化传播方式影响显见。选择优质文化企业合作，以"互联网＋"观念，借助新媒体、新方式扩大公共文化活动宣传，提升公共文化服务影响，是成都市

---

① 参见《成都市文化馆探索向社会力量购买公共文化服务之路》，http://nepaper.ccdy.cn/html/2015-08/14/content_161483.htm，2020-06-04。

文化馆在政府采购文化服务方面最具创新、效果也最显著的举措。对于全市性的大型文化活动开展 IPTV 以及手机 App 业务,大力传播推广群众文化活动,开启群众文化新方式。2015 年 8 月,"成都文化四季风·音乐消夏"与成都广电视讯公司合作,通过"看度"手机 App 客户端、网站等,开展"成都星唱响"群众音乐网上打榜,吸引全市 20 个区市县群众队伍、基层市民热情地参与和互动。借助新媒体庞大用户群和传播特征,让成都群众文化活动更具广泛性、影响力。

按需采购文化讲座运作顺畅。成都知名文化讲座——成都百姓故事会已在成都市文化馆开办了 9 年。该讲座采取委托成都群众文化学会的方式,学会通过定期听众调查、洽谈媒体合作、引入专家评价,把购买公共文化产品的选择权、决定权最大限度地交给市民群众,通过网络、报刊、微博、微信等发布讲座内容与讲课老师,每月主题由市民来"点菜",再根据群众需求聘请相应专家讲授,这种按需采购的方式使得听众、授课专家、讲座举办者三方都获得更多的认同感,现场气氛更为活跃,群众满意度得到显著提升。

专业公司数字化平台建设特色突出。成都市文化馆公共文化数字化服务管理平台一期建设初步建成,平台在突出移动 App、市民艺术学校、文化艺术在线学习、个人秀等特色公共文化内容方面做出了有益探索,平台界面时尚、清爽,突破了传统网站的设计格局。2014 年,引入网络科技公司技术资源,研发市级全域性的成都公共文化数字化服务管理平台,通过互联网、广播电视网、移动通信网,展开跨网络、跨终端文化服务。全面的服务体验和丰富的资源服务,为群众提供多层次、多样化、专业化、个性化的数字文化服务,满足不同层次用户的需要,从而保障群众获取公共文化服务资源的普遍性和均等性。

委托办学激发市民艺术培训活力。以"总分校"机制运行的成都市民艺术培训学校一直是成都市文化馆服务群众的前沿阵地。成都市文化馆通过委托民办非企业成都市艺术培训中心对市民艺术培训学校进行管理,通过网站、微博、微信等方式参与群众需求调查,从市民需求出发,设立并调整培训内容和计划,这种以需求为导向的机制,使得市民艺术培训学校春秋两季 1 万余个免费培训名额供不应求;在指导带动区县开展市民学校托管合作办学中,选择办学悠久、教育资质可靠的社会机构开办市民文化艺术培训。郫县①文化中心、温江永宁镇文化站等采取委托社会办学方式也获得群众广泛认可,体现新机制下激发的文化活力。

文化志愿服务带动社会团体活动开展。指导 50 余个社会单位和团体成立成都市文化志愿者协会,推出"十个一"措施形成文化志愿服务常态化。开办的"名师大讲堂",建立的"文化暖心驿站"先后获得 2013 年、2014 年文化部"文化志愿者基层服务年"示范项目奖。2015 年成都市文化馆委托文化志愿者协会与社会组织"3+2"读书会公益阅读

---

① 2016 年撤销郫县,设立郫都区。

推广中心签订协议，通过文化志愿者协会指导"3＋2"中心从事公益文化服务相关工作，送文化服务产品到乡镇社区、乡村学校、工地部队等开展各类文化志愿服务，三方共同运营管理方式形成一定的区域辐射、示范和带动效果。

委托编办文化刊物广受好评。成都市文化馆刊物《成都群众文化》《成都百姓故事会》近年以委托形式交给成都市群众文化学会编办。结合现代公共文化服务体系构建和成都文化地域特点，群文学会对刊物定位、性质、栏目、发行对象进行调整，从内容编排到外观设计，新版刊物受到专家同行和基层群众广泛好评，成为成都市乃至四川省重要的群众文化理论刊物，在全国群文系统中也有较大影响。《成都百姓故事会》面向全市 300 多个乡镇（街道）和 3000 多个村（社区）免费邮寄发放，也成为基层群众最喜爱的文化故事读物之一。

试水社会团体管理基层阵地见成效。积极推动和指导成都市有一定基础的基层公共文化服务阵地探索社会化管理方式。例如，成都市温江区引入成都桥梁文化艺术学校对省级示范站永宁镇文化站进行托管，并把文化站一年的演出"包干"给该镇芙蓉艺术团，大大提升了阵地管理效率与演出服务质量。同时，成都市其他区市县也开始引入社会机构对农家书屋、青工驿站、市民文化沙龙等公共文化设施进行委托管理，择优录用有意向合作的各类文化培训、教育机构，并签订合作协议，成都武侯区还率先尝试采购社会机构对区县级文化馆进行管理。

"超市"成为文化产品供需交易平台。成都市文化馆正探索建立一个公共文化服务的展示平台，提供一个公共文化产品供需窗口，形成一个文化产品交易市场，为社会提供适宜的文化服务和文化产品，建立生产需求平衡、运行科学合理、能够持续发展的供求机制。同时借助"互联网＋"线上网络平台和线下各级文化阵地设施，打造"文化超市"，以群众"自选方式"经营文化产品，提供"即时"文化服务，最大限度集合全市各级文化馆、图书馆、博物馆、美术馆、非遗场馆、艺术剧院、民间展馆和社会文化组织资源，面向社会公开透明发布公示，供市民自由选择并购买，以获得文化服务。

三、"四把握"：探索向社会力量购买公共文化服务运行规范

政府采购公共文化服务是大势所趋，成都市文化馆在这方面积极付诸实践并取得了一定成果，但毕竟还有很长的路要走，积极思考文化馆如何在政府采购公共文化服务中发挥应有的效率与作用，从而建立起符合文化馆的文化产品社会采购模式就显得尤为迫切。

首先，把握好购买的项目和内容。可聘请资深群众文化专家学者、市民代表、本馆员工以及相关机构代表，共同对文化馆购买的公共文化服务项目进行科学论证，制定既满足群众文化需求，又符合政策导向，同时具有文化普及、引领作用的购买项目。项目内容要兼顾公共文化服务多样性、差别化原则，还可以根据不同情况进行动态调整。论证过程和结果应向社会公布，主动接受社会监督。经费纳入当年财政预算，及

时向社会公布。

其次，把握好采购的制度与流程。制定程序公正的招标采购制度规范，组建招标采购小组，保障招标采购的客观公正；建立公共文化需求表达机制，搜集各方面的需求信息，尽可能将群众喜闻乐见的公共文化服务纳入购买日程；建设公共文化服务招标采购信息平台和发布机制，公开政府招标采购的标准、内容、运作程序等，保障招标采购过程的透明性。

再次，把握好规范严谨的效果评估。建立由购买主体、公共文化服务对象以及第三方共同参与的综合评估考核机制，要侧重服务对象对公共文化服务的满意度评价。文化馆向社会力量购买公共文化服务的绩效评价结果要向社会公布，并作为以后编制年度政府采购预算和选择购买对象的重要参考依据。

最后，把握好社会团体的服务质量。培育市场主体，规范和引导社会组织逐步构建多层次、多方式的公共文化服务供给体系，对于文化馆来讲，主要体现在对当地社会团体的指导和扶持，将他们培育成具有一定公共文化服务素质和水平的政府购买潜在对象；加强对社会文艺团体的业务指导，进一步壮大公共文化服务队伍。

案例点评：四川省成都市通过"引入社会力量，疏通购买渠道"；"培育社会团体，形成采买网络"；"搭建交易平台，实现供需平衡"的购买公共文化服务"三部曲"，完成了向社会力量购买公共文化服务的机制建设。通过"八实践"，探索出向社会力量购买公共文化服务主要形式。通过"四把握"，探索出向社会力量购买公共文化服务的运行规范。成都市的实践探索为向社会力量购买公共文化服务提供了完善的制度供给、技术支撑和理念引导，拓展了社会力量参与公共文化的广度和深度，逐步形成社会力量全面参与公共文化服务的生动局面。

第四节　上海浦东新区：社会走向前台，服务走向多元

2013 年 11 月，上海浦东新区取得第二批"国家公共文化服务体系示范区"创建资格。作为承担着国家公共文化创新使命的浦东新区，要在高度国际化区域构建现代公共文化服务体系。几年多过去，浦东瞄准世界前沿，大胆创新、先行先试，以开放的、国际化的视野构建现代公共文化服务体系，扩大政府购买服务，广泛吸引社会组织、社会资本参与公共文化服务，鼓励文化服务多元化、多样化发展，促进公共文化服务均等化，"公共文化的浦东样本"日益清晰。浦东正努力为上海乃至全国公共文化服务改革发展提供新实践、创设新机制，向国际社会展示现代治理格局下公共文化服务体系建设的当代"中国经验"。[①]

---

① 参见《让社会力量走到台前——公共文化的"浦东样本"》，载《光明日报》，2016-01-12。

一、撬动社会资本投入，整合激活社会力量

2015 年年底，历时 3 个多月的 2015 浦东文化艺术节落下帷幕。这是浦东近年来探索政府引导、撬动多元主体和力量参与公共文化建设的又一次生动实践——浦东新区政府以近千万元投入，撬动社会资金数千万元，开展各类文化活动 145 项，覆盖 360 多万人次。

政府小投入，撬动社会大资本。"陆家嘴是上海乃至全国改革开放的最前沿，世界最新的文化艺术潮流在这里交流、碰撞，是很好的展示平台。参与像文化艺术节这样的政府公共文化品牌活动，对自身公益文化的品牌形象也是一个提升。"上海正午文化艺术中心董事长宋竹君说。2015 浦东文化艺术节期间，正午文化艺术中心在陆家嘴金融中心绿地举办了首届户外艺术节。

浦东文化艺术节的杠杆撬动模式只是一个缩影。浦东意识到，靠政府"一手包办"，办不好文化，搞不活文化。政府退后一步，让社会走到前台，吸引更多社会力量参与，才能为文化事业的繁荣和发展引入源头活水，注入新鲜动力。

从 2011 年到 2015 年，浦东文化艺术节已连续举办 5 届，通过政府搭建平台、活动经费补贴等方式，杠杆撬动了喜马拉雅中心、正午艺术中心、碧云文化中心等专业机构出资参与艺术节的各项活动，有效放大了公共财政的资金效应，社会组织也通过浦东文化艺术节提升了自身的形象。联动浦东新区总工会、区妇联、团区委、区政协教文卫体委员会、区成教协会、区青少年活动中心等单位举办活动；吸引上海白玉兰文化发展公司和台湾中子文化公司共同主办上海简单生活节；支持上海悦色演艺经纪公司主办爵士上海音乐节、上海回向基金会主办 WDC 世界舞蹈锦标赛……浦东有意识地鼓励扶持更多的社会主体参与，力求为不同群体烹调出合口、对味的公共文化"大餐"，同时打造浦东文化的品牌，提升活动的国际影响力。

通过参与公共文化服务产品供给，政府、社会组织、公众之间实现了多方共赢。如今，在浦东，"大文化、大家做"的理念已深入人心。发展多样化的文化供给主体，撬动社会力量参与文化建设，文化主体丰富、文化活力迸发的格局初步形成。

开门办文化，社会力量投资建设公共文化设施积极性越来越高。近几年，浦东先后建成龙美术馆、翡翠画廊、震旦博物馆、喜马拉雅美术馆、冯氏烟画博物馆……雨后春笋般崛起的私人艺术馆，每年为市民提供数百场精彩文化展览和活动，成为公共文化资源的有益补充。浦东不断强化对这类场馆的运行补贴、活动项目补贴、宣传平台支撑，通过"民办公助"来保护、整合、激活其内在活力，为"社会力量办文化"营造了良好的生态环境与社会条件。

早在 2002 年创设的"浦东新区宣传文化发展基金"，通过政府购买公共文化服务的方式，扶持社会力量以多种形式参与文化服务。运行十多年来，每年申请"文化发展基金"的社会力量都在增加，文化发展基金的作用不断放大。越来越多的社会组织

和民间机构扎根浦东，参与公共文化产品的创作、生产和传播，深耕公共文化服务的园田。

二、吸引多元主体参与，布局城市文化空间

成立于1986年的上海轻音乐团宣布"过江"，搬迁至陆家嘴金融贸易区，成为入驻浦东的首家国有市级文艺院团。

上海"文化东进"的序幕才刚刚拉开，上海博物馆东馆、上海图书馆东馆、上海大歌剧院等文化设施未来也将陆续"东进"。约1210平方千米的浦东版图上，文化设施的数量和质量将高速增长和提升，惠及于民。在上海轻音乐团团长褚保杰看来，"文化东进"不是简单的搬迁，"我们要做的，是把文化和浦东相结合，融入浦东文化发展的大格局中"。

原来的浦东被很多人视为"文化沙漠"，白天热热闹闹、晚上黑灯瞎火，演出团体不愿来，来了不愿留下。公共文化设施不足，缺乏高标准的硬件配套，是一个重要因素。随着"十一五"期间东方艺术中心正式运营、"十二五"期间浦东图书馆新馆建成开放，中华艺术宫、梅赛德斯—奔驰文化中心等文化设施相继落地浦东，基层公共文化服务网络建设不断加强。浦东在街镇层面建成36个社区文化活动中心、67个文化广场和1240个村居委综合文化活动室，初步形成15分钟公共文化服务圈，"人文浦东"的愿景步步推进。

陆家嘴，上海的"金融心脏"，这里高楼林立，聚集着近3000家金融机构，人才总量达40多万，其中金融白领总人数约20万人。生活节奏快、工作强度高、精神压力大是这一群体的真实写照，他们的教育背景、生活趣味、消费结构又使得他们对人文环境和文化体验有着很强的需求。为金融城人群解"文化之渴"，高密度、常态化、针对性的文化导入显得十分必要。

2014年9月，一场由上海市委宣传部、上海市文广局指导，浦东新区区委宣传部、浦东新区文广局主办，陆家嘴管委会以及多个社会主体承办的"陆家嘴文化氛围营造系列活动"拉开帷幕。根据区域人群学历高、国际化等特征，精品话剧、爵士乐、交响乐、艺术电影等门类和常态化音乐欣赏会、户外音乐会、美术等真正"对味"的文化活动陆续登场——每周一、周三、周五中午，午间白领休闲爵士流行音乐会准时亮相，陆家嘴中心绿地观景篷下，上海轻音乐团的乐手和歌手为白领现场演奏，一年演出近百场。小型交响乐演出、建筑艺术展、草地诗会、朗诵话剧社、足球俱乐部、滨江热跑、垂直马拉松……青年白领作为文化活动的主要受众和参与者，也成为热情的策划者与设计者，众多"青春味""国际范"的文化活动为金融城营造出更加开放、多元的文化氛围。金融城各个楼宇也纷纷投入楼宇文化、白领文化的打造，利用金融城的楼宇空间，开展午间音乐欣赏会、午间艺术讲座、艺术展览等活动，初步形成了政府搭台引导、区域市场主体共营的文化活动机制。

如今，"文化陆家嘴"渐成常态，2015 年全年共执行近百项文化活动，给摩天大楼注入了"人情味""文化味"，区域内机构、金融白领对陆家嘴的认同感、归属感也在增强。针对区域不同特点，聚拢优质资源，打造各具特色的文化品牌，浦东还在深化"结对子、种文化"，创新机制，努力满足多元文化需求，培育潜在文化市场，完善城市文化空间布局。

比如，在开发区层面，围绕自贸区和科创中心等国家战略区域，坚持产城融合发展原则，打造适合青年白领休闲消费的文化街区，推进张江话剧艺术中心、森兰艺术岛等项目建设，在商务楼宇间、城市综合体中释放更多文化艺术空间，打造具有艺术人文气息的宜居之城。在街镇层面，坚持一街(镇)一品、错位发展原则，立足本土人文旅游资源，加大新场古镇、横沔老街保护开发力度，与迪士尼项目协同发展，在航头牌楼、周浦旗杆等村庄中探索导入文化元素，拓展文化功能，提升美丽乡村内涵。用文化涵养城市，城市方能有文气、有活力、有温度、有品位。

三、引入现代治理结构，提升文化服务能级

梳理公共文化的"浦东样本"，最显著的特点无疑是社会化、专业化。围绕社会化、专业化的发展方向，政府从"办文化"向"管文化"转变，着力理顺政府、社会、市场的关系，积极探索和创新各类社会主体有效参与区域文化设施管理运营的机制、模式和途径，不断完善城市公共文化服务功能。

东方艺术中心，2004 年由上海市区两级政府共同投资 10.8 亿元建成，当时通过全国招标的方式，最终委托由保利文化与上海文新报业共同组建的管理公司来运营，是国内最早探索所有权和经营权分离的公共文化设施，被称为"东艺模式"。目前，东方艺术中心运行良好，每年演出 500 多场，观众 52 万人次，以东方艺术中心为依托创立的"高雅艺术走进百姓的运作模式"成为国家公共文化服务体系示范项目，取得了良好的经济和社会效益。

构建现代公共文化服务体系，一个重要的题中应有之义是，合理调整和形成政府、社会、市场之间的良性互动关系，推动公共文化服务社会化、专业化发展，建立多元共治、高效运行的现代治理结构，激发所有利益相关方的创造活力和参与热情。有东方艺术中心的成功尝试在先，眼下，浦东新区图书馆正在试点建立法人治理结构。结合公共文化机构理事会"决策＋监督＋资源开发"的特点，由政府代表、馆长、专业人士、辖区内人大代表或政协委员、群众代表、社会各界代表构成理事会，兼有决策、监督职能，日常运行继续实行"馆长负责制"，形成政府主导、多元共治格局。

在吸引社会专业力量运行公共文化服务设施方面，浦东也进行了卓有成效的尝试。陆家嘴金融城、金桥镇、三林世博、塘桥、周浦、曹路大居等基层公共文化设施，委托民办非企业单位运营，满足了市民的多样性文化需求，提高了公共文化服务的能级。"十二五"期间，浦东的 36 家社区文化活动中心已全部实现社会化、专业化管理。

案例点评：上海浦东对标世界标准，推动开放创新，通过撬动社会资本投入，整合激活社会力量；吸引多元主体参与，布局城市文化空间；引入现代治理结构，提升文化服务能级三个方面的探索和努力，既激发出所有利益相关方的创造活力和参与热情，又逐步推动公共文化服务社会化专业化发展，在公共文化服务领域建立了多元共治、高效运行的现代治理结构。浦东的探索创新为上海乃至全国公共文化服务改革和发展提供了新经验，创设了新机制，形成了大都市公共文化服务体系建设发展的"中国范本"。

第五节　江苏无锡新区：规范社会化购买，激活社会力量参与

江苏省无锡市无锡新区东临苏沪，南依太湖，全区面积约 220 平方千米，常住人口约 60 万。快速城镇化让外来务工人员大规模进入，也给新区的公共文化服务提出挑战。近年来，无锡新区积极引导和鼓励社会力量参与公共文化服务，大力培育专业性文化非营利组织，着力提高全区公共文化服务社会化发展的标准化、均等化、制度化、专业化、常态化水平，致力于文化管理体制的改革创新，不断探索社会组织参与公共文化服务的新机制，打造出与当地经济社会发展相适应、与群众文化需求相匹配的公共文化服务供给能力。

一、两馆社会化购买，提升公共文化服务效能

无锡新区秉承"小政府、大社会"，"小机构、大服务"的工作原则，没有配套的政府机构包揽图书馆和文化馆的建设、运行和服务工作，因此通过服务外包来最大限度地发挥"两馆"的功能和效能。政府购买公共文化服务并无先例可循，新区只能摸着石头过河，通过项目式地把工作分解、量化，试点先行，以点带面，使公共文化领域的服务外包逐渐开花结果。

2010 年，新区首先选择对区图书馆进行社会化运作。通过招标，将新区图书馆的建设、管理、运行和服务外包给专业公司。这支专业的团队经过多方考察，结合无锡新区的特点和实际，对新区图书馆进行了全面的科学设计。2012 年"公共图书馆数字化建设与创新管理"项目荣获第四届文化部创新奖；是 2011 年度、2012 年度市级考核优秀单位；2013 年，高分通过第五次图书馆评估定级，获评一级馆，无锡新区图书馆已成为新区公共文化服务的亮点。为进一步深化服务功能，新区 2013 年将下辖的 6 个街道、2 个园区图书馆全部收归统一管理，建成"1＋8 区域联盟管理模式"，基层服务点数字资源实现全共享，区域内图书实现通借通还。新区图书馆坚持全年无休、免费开放，每周开馆 66 小时，同时通过图书馆一楼 24 小时还书箱以及图书馆数字资源无地域限制、无时间约束的开放性服务，保证了图书馆的服务 24 小时不间断。同时针对不同群体，开展特殊服务。图书馆按照质量管理体系的要求，制定了"新区图书馆服务管

理规范",实现了"1+8"总分馆区域联盟管理模式。

有了图书馆这个试金石,新区在2013年又将目光投向文化馆,经过公开招投标程序,一家专业公司成为新区文化馆的承包方。按招标要求,文化馆实行免费开放,举办各类文化活动、展览、对外交流活动,开展各类文艺培训辅导班,同时承担文化艺术的研究工作。新区文化馆在为街道、社区、企业等提供基本的公共文化服务的同时,注重服务点的延伸,将各类文艺培训班开办到街道、社区、企业、中小学,与基层形成了良好的互动交流服务模式。文化馆注重将富有新区地域特色的文化传承纳入各类公益性社会文化组织的培育和建设中,让新区丰富、优秀的历史人文资源"活起来"。

具体实施流程如下:建立以新区管委会为主导、以新区公共财政为依托、以政府面向社会购买公共文化服务为主要方式、以社会力量为公共文化服务的基本主体的社会化科学模式。通过科学、客观的课题式设计,新区管委会明确了两馆公共文化服务的"菜单",清楚了"怎么买,向谁买"。同时,由社事局牵头,会同纪检、财政等部门,调研考察国内先进图书馆、文化馆的建设、管理和运营经验,并多次组织国内优秀专家对项目进行论证完善,配合招投标公司,根据两馆的国家标准、建设要求、工作属性、服务内容、任务目标、管理制度、考核细则等,制定了细致严密、科学前瞻、客观合理的两馆服务外包的招投标文件:《无锡新区图书馆项目服务外包合约》,内容涵盖了图书馆的6项服务内容和8个服务目标;《无锡新区文化馆服务外包合同》,内容涵盖了文化馆的13项服务内容和7个服务要求。招投标文件具有极强的规范性和操作性,由招投标公司向全社会公开采购,经过政府采购程序,分别由×××电子科技(无锡)有限公司和无锡市××文化发展有限公司作为图书馆和文化馆的中标方。这种公开、公平、公正的社会化运作,使得政府在购买了优秀的专业管理团队的同时,又很好地规避了在服务外包中寻租腐败的条件和环境,确保了政府购买服务产品的优质低价。新区还成立了由多部门组成的考核小组,通过多种形式对外包公司的业务进行考核。考核评分不达标,将对服务外包公司提出整改要求,如整改不力则终止服务合同。另外,还聘请了第三方对两馆的服务人群、服务单位进行抽样调查和暗访。

为了更好地满足公众多样性文化需求,无锡市陆续出台《推动公共文化服务社会化发展的指导意见》等文件,制定无锡市政府购买公共文化服务指导性目录。除新区两馆推行社会化运营模式外,2013年,锡山区安镇街道试点实行"政府出台标准,'站—企'合作管理",委托社会力量管理街道文化中心分中心;惠山区以区域联盟方式推动各镇建立企业参与、文体爱好者组成的"文体联合会";江阴市图书馆积极推进城市阅读联盟建设,重点打造"三味书吧"系列分馆,将公共图书馆开进咖啡馆、茶馆,全面实现通借通还,社会反响良好。

二、政策引导资金支持,助推社会化服务全面铺开

无锡新区将公共文化服务全面向社会开放,除了引入专业公司承接"两馆"运行服

务外，还重点培育扶持本地文化组织、文化团队等社会力量广泛参与到公益文化培训、文化活动、文化研究的组织实施中来。东方美术馆、泰伯书画院、吴文化研究院、百姓艺术团等民间机构在各自领域多渠道参与新区公共文化服务。新区给予实实在在的引导和支持，对于具有鲜明"自我表现、自我教育、自我服务"意识，有规模、能力强的文化组织，区事业局建议其到民政部门登记注册，并鼓励其竞标参与公共文化项目的招标；对于群众自发的文化团队，则对其降低门槛，实行"备案制度"。为此，无锡新区专门颁发了《新区文化体育特色团队培育管理办法》，从机制上保障和规范了区内民办非营利文化组织的培育和发展。"政府购买与小额资助"带动公共文化服务模式创新。2011年以来，无锡市设立群众文艺团队小额资助专项资金，制定下发了《无锡市群众文艺团队小额资助专项资金管理办法》，对符合资助条件的优秀群众文艺团队给予扶持资助。每年评选数百支优秀群众业余文化团队，根据团队规模、活动形式，给予相应扶持资助。从2010年起，新区每年都评比"优秀文化团队""优秀文化家庭""优秀文化志愿者""优秀文化工作者"，并给获奖单位或个人颁发荣誉证书及资金奖励，激发了社会组织参与公共文化的激情。截至2014年，区内在政府部门注册备案的机构就有160多家，在册人员4600多人，成为除政府文化部门和商业承包企业外的公共文化服务力量的重要补充部分。这一方面发挥了文化志愿者、特色文化建设、业余团队活动、文化惠民等的关键作用，培养了自身的组织，锻炼了队伍；另一方面政府文化部门通过资助、奖励和购买，增强了承包商的发展活力，孵化了多元的社会力量，丰富完善了新区公共文化服务体系的建设。

无锡新区秉承养事不养人、只做裁判员不做运动员的工作原则，将公共文化服务交由专业化的运行公司承接，充分发挥专业公司的优势，为群众提供更为优质的文化服务。深入的制度设计研究开拓了公共文化服务模式创新思路，不断的实践探索积累了一定的制度创新经验，多种举措培育了多元化公共文化供给主体，推动形成了政府主导、社会参与的公共文化服务多元供给体系的建立。

案例点评：无锡新区积极引导和鼓励社会力量参与公共文化服务，以"两馆"社会化购买为基础，通过工作分解、量化，试点先行，以点带面，使公共文化领域的服务外包逐渐开花结果，通过进一步完善政策引导和资金支持制度，使公共文化的社会化服务在全区全面铺开。可以说无锡新区通过规范社会化购买，以服务外包最大限度地发挥了"两馆"的功能和效能，以政策支持激活了社会力量参与公共文化服务的激情和动能，既提高了全区公共文化服务社会化发展的标准化、均等化、制度化、专业化、常态化水平，也打造出与当地经济社会发展相适应、与群众文化需求相匹配的公共文化服务供给能力。

第六节　湖南岳阳：多维创新，合力共建

作为第二批创建国家公共文化服务体系示范区城市，近年来，岳阳市委、市政府在坚持政府主导，加大财政投入，提高公益性文化单位服务效能的同时，积极引导和鼓励社会力量参与公共文化服务体系建设，从八个方面进行有益探索，形成社会力量参与公共文化服务体系建设的"岳阳模式"。[①]

一、社会资本进入公共文化设施建设的"资本运营"模式

一是强化政策引导。出台《岳阳市社会力量参与公共文化服务促进办法》《屈子文化园招商引资暂行办法》等一系列规范性文件，鼓励、引导、支持和规范社会资本参与文化建设。二是保障投资权益。根据有关政策要求，做好项目论证，兼顾投资效益和社会效益，确保项目正常运营，实现资本与服务双赢。三是吸引社会资本。2013年以来，全市已有50多家企业出资参与公共文化建设，市政府启动"十大文化工程"建设，总投资超过20亿元。各县市区还积极争取社会资金65.74亿元用于公共文化事业，形成政府、社会共建公共文化格局。

二、文化产业助力公共文化服务发展的"产业助推"模式

一是坚持文化产业与文化设施同步开发。实行"捆绑式"招商，确保企业获利的同时，配套建设公共文化设施。截至2016年，君山印刷科技工业园入园企业6家，实现年产值5亿元以上，配套建设一批文化设施，服务周边群众30000余人。二是坚持文化营利与公益服务同步发展。采取"搭便车"方式，鼓励文化企业开展与经营相关的公共文化服务。汨罗市积极探索PPP、基金、股权等文化建设投融资模式，总投资50亿元，对新市古镇等进行开发，提升基层公共文化建设水平。三是坚持文化服务供给与文化消费引领同时兼顾。成立"岳阳市电影行业协会"，建成影院17家，座位10000个，年放映影片240多部，服务各类人群1295万余人，年放映收入达1.2亿元，有力促进了文化消费。四是坚持文化招商与大众创业同步推进。首先，抓文化招商。将文化产业作为重要招商门类，制定专门的优惠政策，实行"一事一议、一项一策"的招商策略，营造宽松的经济发展环境。其次，抓大众创业。抓住国家大力推动大众创业、万众创新的机遇，搭建大众创业创新平台，制定鼓励和促进大众创业创新的政策，营造良好的创新创业环境，激发社会大众文化创业活力。

---

① 参见《众人拾柴火焰高——岳阳市社会力量参与公共文化服务体系建设的模式探索》，载《文化月刊》，2016(3)。

三、文化志愿服务协助公共文化机构的"编外参与"模式

一是强化团队建设。成立岳阳市文化志愿者服务支队和各县市区分队，构建了覆盖城乡的文化志愿服务网络。建立"文化志愿者之家"网络平台，全市注册文化志愿者已超过 10000 名，文化志愿服务团队 1000 多个。"三千文化志愿者下社区、乡镇活动"被文化部评为示范项目。二是丰富服务模式。搭建了群文、图书与文博志愿服务综合平台，形成建点辅导、办班培训、搭台演出、参与配合四种服务模式，成为有效参与公共文化服务的重要载体。三是探索长效机制。制定《岳阳市文化志愿服务促进办法》，将文化志愿服务纳入党委政府工作安排，成为公共文化服务建设的有益补充。

四、民间文化组织参与公共文化服务的"扶持奖励"模式

一是激发内在活力。出台《关于进一步扶持社会文艺团队的实施意见》，积极搭建平台，培育活动品牌，一大批文艺团体与文化人才脱颖而出。如湘阴县"激情舞动·幸福湘阴"2015 全民广场舞大赛，参演团队 300 多个，参与人数 6000 余人。二是重视人才培养。市委、市政府开展"文艺岳家军"支持计划人才选拔工作，2015 年已选拔文艺人才 20 名，每人给予 5 万元专项资助。同时通过以奖代扶，解决民间团体资金问题。屈原民营花鼓戏剧团获市会演一等奖后，得到市政府 30 万元奖励，并成为全市剧团改革与戏曲创作的典型。三是培植地域特色。发掘地域民间文化传统，不断培植特色品牌。云溪区"乡村文化礼堂""家规家训"文化品牌被中央文明委评为改革开放三十年十佳典型案例；岳阳县"文化百姓·一元剧场"文化惠民活动、汨罗市长乐镇"万人闹元宵"活动被评为第五届湖南艺术节项目类"三湘群星奖"；华容县建成中国首家民间"棉文化博物馆"，在乡镇综合文化站设立"同心·关爱"留守儿童服务站，被中央、省级媒体大力推介；临湘市建立湘鄂赣非遗保护交流联席会；汨罗市每年举办民间龙舟邀请赛，开展湘北地区"七十二本"传统花鼓戏剧目复排工程；岳阳楼区创作微电影剧本《洞庭恋歌》，建立"洞庭渔歌"非物质文化遗产传习馆；岳阳经济技术开发区建成 4 个少年宫，举办"暑期学校"和"周末课堂"，打造以青少年培育为特色的文化活动中心；屈原管理区"爱在金秋"活动成为该区残疾人的精神家园。

五、文化惠民活动参与公共文化服务产品供给的"文企联姻"模式

一是搭建文企联姻合作平台。推出中国龙舟文化节等一系列文化平台，吸引企业通过赞助、冠名等形式，服务公共文化。君山区与北京某科技公司合作，共建公共文化综合数字服务平台，第一批 20 台一体机已投放，计划 5 年内投放 100 台一体机，将惠及群众 25 万余人。二是推出文企联姻合作方式。市政府每年拨付专项资金用于高雅艺术惠民演出，通过与文化企业合作，吸纳资金，降低演出成本，让群众得以低价消费，实现高雅艺术常态化、普及化、平民化。三是注重文企联姻合作效果。采取政府

支持、企业冠名、社会赞助、自筹资金等方式，打造一系列文企联姻、文化惠民品牌。每年全市送书进村 10000 多册；送戏送电影下乡 40000 多场；"欢乐潇湘·幸福岳阳"群众文化活动演出 1711 场；"周末一元剧场"演出 112 场；岳阳市美术馆展览 21 场；岳阳博物馆举行流动展览 45 场；建成非遗传习基地 18 个。花鼓小戏《老赵家的感恩节》获国家艺术基金扶持，并获第五届湖南省艺术节一等奖。声乐《水粼粼的洞庭湖》、舞蹈《薰风轻轻吹》、微电影《良心的守护》等多部作品获全省艺术节金奖。四是试水公共文化服务外包。汨罗市文化馆引入社会专业机构参与公共文化机构的服务与管理取得较好效果；屈原管理区整合民间戏班，组建屈原花鼓戏剧团，政府通过购买文化服务支持剧团发展。

六、基层群众参与公共文化设施建设的"民间众筹"模式

一是政府顺势引导。近年来，临湘市、云溪区等地方政府在规划、土地、融资等方面制定优惠政策，以奖代补，形成"自下而上"与"自上而下"相互促进的文化"民间众筹"模式。临湘市通过民间众筹模式已建成投资 900 万以上的乡镇文化广场 1 个、过百万的村级文化活动中心 5 个、50 万元以上的文化广场 10 个。由重庆×××公司参股的 3000 万元的白云湖文化休闲广场二期已启动，文化艺术活动中心项目完成选址。二是民众乘势筹建。近几年，村组基层群众"众筹"办文化如雨后春笋般发展：屈原管理区"众筹" 2000 多万元建成河泊潭村级文化活动中心，云溪镇四屋组投资 400 万率先建成农村"文化礼堂"，湘阴县新泉镇王家寨村投资 2000 万建"湖湘文化博物馆"等。据不完全统计，截至 2016 年全市通过民间众筹方式建设的公共文化设施达 100 多个，总投资超过 60 亿元。三是注重规范整合。政府加强规范和引导，将众筹办文化的社会力量整合到公共文化服务体系中来。一方面，坚持自愿原则，科学指导；另一方面，通过以奖代投进行规范服务，并制定考核标准。

七、全民参与提升公共文化效能的"公益阅读"模式

一是"24 小时自助图书馆"。在全市城区主干道及人流聚集场所设立 3 个 24 小时自助图书馆，每个自助图书馆占地面积 22 平方米，藏书 3000 余册，实现全天候服务，服务半径可达 2 千米，服务人群达 2 万人以上。二是"公益阅读吧"。由省级文明单位援建，市、区财政补贴，倡导社会赠书，鼓励社会各界捐资，鼓励文化志愿者参与管理和服务，建成 6 个"公益阅读吧"，藏书 18000 余册，每天接待读者 2000 人以上。三是"公民图书漂流架"。开展"公民图书漂流"活动，已在公共休闲场所建成"公民图书漂流站" 5 个，前期社会捐书 3000 余册，吸引读者达 60000 余名。四是"爱心图书室"。整合社会捐助的图书，建立"爱心图书室" 43 个，辐射边远乡村与弱势群体，已为留守儿童、服刑戒毒人员、残疾员工等送爱心图书 61975 册、光盘 512 张，价值约 160 万元。五是"高校图书馆联盟"。由市图书馆牵头，联合全市公共图书馆和高校图书馆成立岳阳"高校图书馆联盟"，推动各级各系统图书馆的交流与合作。

八、公共文化共建共享的"资源整合"模式

一是部门协调。出台《岳阳市公共文化服务体系建设协调机制工作方案》，围绕"构建现代公共文化服务体系"，对跨部门、涉全局的问题例行沟通协调，确保全市公共文化服务均等化程度和服务效能显著提升。二是共建共享。出台《岳阳市关于加快整合公共文化资源的十条意见》，把工青妇科教等系统的设施和资源纳入公共文化服务体系。自创建以来，全市共新建文化设施 67 个，整合文化设施 455 个。洞庭湖博物馆、市图书馆新馆等十大文化项目的规划和建设，全面提升了城市公共文化设施整体水平。截至 2016 年，全市共建成乡镇综合文化站 186 个、农家书屋 3570 个、文化信息资源共享基层服务点 2631 个、村级文化活动室 2854 个，并配套建成文化广场 1137 个，市、县、乡、村四级公共文化设施网络日臻完善。三是互联互通。与湖北襄阳、江西新余共同组建"湘鄂赣"区域公共文化联盟，联合举办湘鄂赣三地书法美术摄影作品联展、非遗保护成果图片展等系列文化活动；承接文化部交办的"全国文化志愿者培训班"；开展"长江经济带国家公共文化服务体系建设示范区城市、创建城市文化志愿服务成果展"；承办 2015 年"春雨工程"——全国文化志愿者边疆行暨西藏山南市赴湖南岳阳公共文化场馆免费开放服务跟班学习活动；连续两年举办"大地情深"国家艺术院团志愿服务走基层活动。

在创建中，岳阳市着眼构建公共文化服务社会化发展的长效机制，进一步完善制度设计，加快构建现代公共文化服务体系，为建设"一极三宜"江湖名城，谱写中国梦的岳阳新篇章而努力。

案例点评：岳阳市在探索社会力量参与公共文化服务的过程中，积极鼓励社会资本进入公共文化设施建设，形成"资本运营"模式；引导文化产业助力公共文化服务，发展形成"产业助推"模式；培育文化志愿服务协助公共文化机构，形成"编外参与"模式；扶助民间文化组织参与公共文化服务，形成"扶持奖励"模式；推动文化惠民活动参与公共文化服务产品供给，形成"文企联姻"模式；发动基层群众参与公共文化设施建设，形成"民间众筹"模式；激发全民参与提升公共文化效能，形成"公益阅读"模式；以公共文化共建共享，形成"资源整合"模式。岳阳市通过八大方面的实践探索，形成了多维创新、合力共建的生动局面，逐步构建出公共文化服务社会化发展的长效机制和制度体系。

第七节　山西晋中：铺路子、搭台子、扶梯子，激活社会力量

2015 年 7 月，山西省晋中市成为第三批国家公共文化服务体系示范区创建城市，由此承担起了为构建现代公共文化服务体系探索经验、提供示范、引领文化科学发展

的重要使命。两年来，晋中市大胆创新、先行先试，以开放的、国际化视野构建现代公共文化服务体系：坚持"政府主导、全民参与、共建共享"原则，创新扶持引导与规范管理民办文化机制，加大民办公共文化设施资源整合力度，扩大政府购买服务，广泛吸引社会组织、社会资本参与公共文化服务，鼓励文化服务多元化、多样化发展，促进公共文化服务均等化——公共文化服务体系建设的晋中实践成效显著。

晋中正努力为山西省乃至全国公共文化服务改革发展提供新实践、创设新机制，向全社会展示现代治理格局下公共文化服务体系建设的晋中经验。[①]

一、确定方向、提供政策、鼓励发展，为社会资本投入铺路子

2017年12月23日，成功引进民营资本3.5亿元的晋华纺织厂旧址修缮竣工暨"晋华1919·中国营造大坊"项目在晋中市晋华纺织厂旧址启动。该项目是晋中市单体文化项目投资最大的工程，也是该市推进创建国家公共文化服务体系示范区中探索政府引导、撬动多元主体和力量参与公共文化服务体系建设的又一次生动实践。

在第二批国家公共文化服务体系示范项目创建时，晋中市申报并成功创建"民办文化的扶持引导与规范管理"项目，对民办文化发展起到了重要作用。近几年，晋中市级每年拿出3000万元文化产业专项资金，县级每年拿出5000万元，重点倾斜民办文化企业；市级每年拿出1000万元文化事业专项经费，其中至少120万元用于扶持民办文化发展。

此外，晋中设立市级文物保护经费2000万元，争取非遗项目保护资金以及其他项目资金近1000万元，以不同方式支持社会力量参与文化发展，培育了一批新项目、大项目、好项目，带动民营资本投资110亿元，促使民营文化产业呈现投资增速加快、经营领域拓展、集聚水平提升、品牌建设卓著的良好态势。其中，由山西省平遥煤化（集团）有限公司投资2.23亿元建设的唐都推光漆艺文化产业创意园，在生产销售维持企业正常运转的同时，面向社会大众免费开放产品展览、旅游观赏、人才培训、文化传播等服务。由民营企业出资创建、坐落在太谷县的山西中医药博物馆，是集收藏、展览、研究、公共教育、文化交流功能于一体的综合性中医药博物馆，总建筑面积5000余平方米，馆藏文物3000余件，涵盖中医药古籍、中药标本、制药器械、图片等类别，每周工作日上午9点至下午5点对群众免费开放，在群众中普及中医药知识，营造了良好的中医药文化传承与发展的氛围。由民营企业投资建成的晋中文化地标建筑陌上美术馆，每年举办美术精品展览数十场，均免费向群众开放。以政府和社会资本合作的PPP模式建设的祁县文化艺术中心项目，也是社会力量参与晋中公共文化设施建设的典型项目。

---

① 参见《激发社会力量活力 参与公共文化建设——公共文化服务体系建设的晋中实践》，载《中国文化报》，2018-04-04。

一批大型民办文化产业项目在晋中大地落地生根，在创造全市经济发展新增长点的同时，以突出的经济实力和释放的服务功能正成为全市公共文化服务的重要力量。

利用财政资金撬动民营资本只是晋中扶持引导社会力量参与公共文化服务体系建设的一个侧面，在公共文化设施方面，面对公共财力十分有限的情况，晋中市在严格落实国家、省、市相关政策的同时，按照创建要求并结合晋中文化建设实际相继出台多个文件，如《晋中市创建国家公共文化服务体系示范项目——民办文化的扶持引导与规范管理建设规划》《加强文化类民办非企业单位扶持、管理的意见（试行）》《晋中市加强民办文化扶持引导与规范管理的实施方案》《晋中市文化类民办非企业单位星级服务管理办法》《创建国家公共文化服务体系示范项目专项资金管理、联络员、督导检查、信息报送和宣传、定期例会制度和重大事项会商制度》《晋中市创建"一乡一品""一村一品"文化品牌实施方案》等，积极通过贷款贴息、贷款担保、项目补贴和项目资助、奖励等方式，加强对民办文化的扶持引导与规范管理，催生了一大批民办文化设施。目前，晋中分散于全市城乡的民办博物馆、美术馆、非遗展示馆、传习所、乡村记忆展示馆、主题文化大院、小剧场、小舞台及民办活动广场、文化长廊等约 2100 个。数量庞大的群众自办文化设施增加了基层文化设施总量，填补了自然村或公共文化尚未涉及的服务领域文化设施的空白，扩大了文化设施对服务人口的覆盖面，大大增强了公共文化服务的发展动力，有效拓展了公共文化服务的广阔空间，切实改善了广大人民群众的文化福祉。例如，坐落在祁县昭余镇丰泽村的权勇文化大院，已成为丰富当地农民精神文化生活的一方领地。这里有两个可以容纳六七十人的图书室、放映室和两个电影拷贝库，院内藏有 7600 多册各类书籍、1000 余张爱国主义教育图片、8000 余张电影海报和 1600 多部电影，每月开展活动 20 余次。

二、创造条件、提供机会，为社会力量参与公共文化服务搭台子

"全民参与文化，全民享受文化，在参与中享受，在享受中升华"是晋中文化工作的发展理念，正是在这一理念下确定的"政府主导、全民参与、共建共享"行动纲领，为组织和动员全社会力量认识文化、热爱文化、参与文化、投入文化搭台。

晋中市群众文化活动有两个显著特点：一是数量多，二是接地气。例如，连续几年举办的覆盖全市的"全民文化活动季"，每年各种表演和展览几千场次，除了晋中固有演出团体，通过支持、培养起来的 2960 多个文化类民间组织、6000 余支乡村业余文化团队，20 多万民间文化从业人员成为全市文艺演出的主力军，为群众提供了多样的文化产品和服务，增加了基层文化产品和服务供给。

晋中市文化局局长说："这主要得益于我们通过示范引导、命名授牌、星级评定、提供舞台和文化生态保护等措施，不断给予激励，大大调动起民办文化团体组织参与公共文化服务的热情。"

梳理晋中民办文化团体组织近几年的发展历程，可以发现其扶持引导举措和成效

主要表现在以下几个方面。

一是通过举办多层次、高密度、不同规模的文化活动，民办文化团体的组织协调能力以及综合竞争力显著提高，这为民办文化更好地融入社会、发展自身奠定了良好基础。节庆活动和常规活动相结合，主题系列活动与单项活动相结合，参与群众文化活动和欣赏展示活动相结合，做到长年不断、常办常新，如"平遥中国年"等文化活动，参加人数在 50 万以上。与此同时，常规活动日益丰富多彩，连续开展的"全民文化活动季""花开四季·乐享全民"等主题文化活动，实现了城乡群众文化活动全覆盖；在农村、社区、企业，群众自主办文化已成为新常态。全市城乡每年开展较大规模的文化活动 3000 多场，为全社会文化创作演出和人才培养创造了条件、提供了机会。

二是制定出台了《关于做好政府向社会力量购买公共文化服务工作的实施意见和目录》《晋中市市级购买公共演出服务实施方案及细则》，每年市财政拿出专门资金购买文化服务。近年来，晋中市在一些重大文化活动和品牌文化建设中，政府不包办，采取委托生产或购买服务的方式，吸引民间资本、社会力量进入服务领域，这一购买范围正逐步扩大到全部公共文化服务领域。例如，尝试采用政府购买服务的"竞标＋点单＋配送"方式，一改过去由政府部门直接送戏到基层的传统做法，变为"要什么，演什么"，实现公共文化产品和服务的有效配送。每年的"送戏下乡""全民文化活动季"的大部分项目采用由政府购买服务方式开展，上千场活动场场节目精彩、组织有序，观众满意度非常高。通过这种模式，民办文化平等参与到公共文化服务供给中，提升了自身发展能力。

三是通过近几年实施的《文化类民办非企业单位星级服务管理办法》，对一些优秀民办非企业单位进行星级评定，先后涌现出一批民办文化星级服务单位，在这些民办文化星级单位带动下，全市民办文化服务社会的能力显著提高。例如，吸收众多文化志愿者和文艺骨干加入的馆办艺术团体——晋中市五星级服务单位介休市爱舞艺术团，自 2014 年成立以来，参加了介休市元宵节、消夏晚会、惠民演出和"爱上晋中"等演出，创排演出的舞蹈《桃花红，杏花白》在首届山西省艺术节"舞动三晋"广场舞大赛中夺冠，为晋中争得了荣誉。此外，四星级服务单位左权县曲艺家协会、晋中市老年书画研究会、晋中市自由搏击协会等，三星级服务单位榆社县摄影家协会、左权县东方酒器博物馆、晋中体育舞蹈协会等，都充分发挥文化建设的社会效应，为丰富广大人民群众的文化生活做出了突出贡献。

四是以创建"有组织、有队伍、有阵地、有活动、有特色"的"一乡一品""一村一品"群众文化特色品牌为抓手，打造一批富有地方特色的民办文化大乡镇（村），创作一批富有地方特色的民办文化文艺精品，培养一批富有地方特色的民办文化艺术人才。通过《晋中市创建"一乡一品""一村一品"文化品牌实施方案》，晋中市各县（区、市）对分布在各乡镇、村的丰富文化资源不断加强包装、推介和运作，使具有浓郁地方特色的民俗文化精品逐渐形成文化产业发展项目；指导各乡镇、村根据本地特色确定至少一项有群众基础、有代表性的文化品牌项目，有条件的可以发展多项。

五是为社会力量参与文物保护广开渠道。2015 年出台的《晋中市社会资金投入文物保护工程以奖代补实施方案（试行）》决定每年对民间投入文物保护的工程给予 5 万元至 50 万元资金补助，以撬动近千万元的社会投入资金。2016 年，又有近 2 亿元社会资金投入文物保护。此后，晋中市又向社会公布了 37 处可以由社会力量参与保护的文物单位，以此参与到全省"文明守望工程"中来，其成为晋中市引导、规范社会力量参与文物保护的创新之举，已在山西省内推广。2017 年 6 月，山西省在晋中市张壁古堡召开现场会，对该市社会力量参与文化保护的做法给予肯定。

三、大胆创新、先行先试，为社会力量参与公共文化现代治理扶梯子

公共文化的晋中实践最显著的特点是社会化、专业化。围绕社会化、专业化发展方向，晋中创新思路、大胆探索，从"办文化"向"管文化"转变，着力理顺政府与市场、政府与社会的关系，积极探索和创新各类社会主体有效参与区域文化设施管理运营的机制、模式和途径，不断完善城市公共文化服务功能。

晋中大剧院就是晋中市以招商方式吸引社会资本投入由原经纬厂文化宫改建而成。对于晋中而言，该剧院的建成具有里程碑意义——它不仅是晋中市的文化新地标，更凭借众多高水平的文艺演出，增强了市民的文化消费意识。为使大剧院实现良性运营，晋中市同时引入社会专业团队，推出"商业演出＋公益演出＋社会运营"的"三位一体"管理模式，政府每年为企业提供 200 万元补贴资金，企业确保为群众提供 80 场演出，承担大剧院全部运营管理费用。目前，通过近两年的运营，晋中大剧院每年演出 100 多场，观众超过 15 万人次，引进了许多国内外舞台艺术精品，让晋中老百姓在家门口就能欣赏到文化大餐。晋中大剧院的"三位一体"管理模式实行成效显著，取得了良好的经济效益和社会效益。

晋中大剧院以"三位一体"的管理模式，把购买服务、托管运用等手段引入文化企业，通过合同管理、效能考核等措施督促企业加强设施管理使用，既拓宽了投资渠道，又引进了市场运作和企业管理机制，不仅为大剧院日后运营提供了保障，也避免了公共文化设施利用率不高的老问题，走出一条依托社会力量提升文化服务效能的改革创新之路。

"构建现代公共文化服务体系，更重要的是合理调整和形成政府、社会、市场之间的良性互动关系，推动公共文化服务社会化、专业化发展，建立多元共治、高效运行的现代治理结构，激发所有利益相关方的创造活力和参与热情。"巩海湛说。

2018 年年初，晋中市刚刚建成投入使用的晋中市图书馆、市博物馆依据《国务院办公厅转发文化部等部门关于做好政府向社会力量购买公共文化服务工作意见的通知》精神，引入市场机制，采取政府购买服务形式，将原由政府提供的公共图书馆运营和管理服务，交给条件具备的社会组织来完成，并由政府依据承接者提供服务的数量、质

量来支付费用；采取政府派驻机构制定具体的考核评估标准，对进馆人数、办证人数、活动次数、服务项目、服务时间、数字服务等几十项指标进行考核，对服务质量引入第三方评估，真正实现资金使用事前有审议、事中有监督、事后有考核，完善奖惩机制，让财政资金更安全、更有效地发挥文化惠民的最大效应。

突破以往政府"一手包办搞文化"的做法，注重发展多样化的文化供给主体，通过鼓励支持、加强引导、规范服务、促进发展的方式，积极构建社会力量参与文化建设的保障机制，晋中市培育了一批民办公共文化活动品牌，树立了一批民办文化建设示范点，形成了文化主体丰富、文化活力迸发的新格局，让群众更广泛、更便捷地参与文化建设、享受文化福祉。

以政府为主导，动员社会参与，让广大群众成为主角和受益者——晋中市正向着构建现代公共文化服务体系阔步迈进。

案例点评：晋中市以"政府主导、全民参与、共建共享"作为公共文化服务发展的基本原则，通过确定方向、提供政策、鼓励发展，为社会资本投入铺路子；创造条件、提供机会，为社会力量参与公共文化服务搭台子；大胆创新、先行先试，为社会力量参与公共文化现代治理扶梯子"三部曲"，撬动了社会资本，激活了社会能量，强化了文化治理。晋中市以循序渐进、环环相扣的方式推进了社会力量参与公共文化服务的制度升级和体系进化，拓展了社会力量参与公共文化服务的深度和广度，有效地促进了当地公共文化服务均等化和多元化。

第五章　社会力量参与公共文化服务的突出问题

在总结推广公共文化服务体系示范区中探索出的社会力量参与公共文化服务成功经验的同时，我们也应当看到，因社会力量长期处于缺乏管理的状态之下，导致其在参与公共文化服务的过程中也呈现出一些不容忽视的问题。当前，国家正致力于推进治理体系和治理能力现代化建设，公共文化服务作为文化领域的重要内容，其存在的问题，势必引起重视并将得到有效解决。为了更加清楚地认识社会力量在参与公共文化服务中的不足并有针对性地加以改进，有必要对实践中较为突出的问题进行梳理和分析，以便进一步推动社会力量有效参与公共文化服务。我们认为，目前社会力量在参与公共文化服务中主要存在社会力量发展不足、社会力量参与不足、社会力量参与平台和制度不健全以及政府对社会力量的支持、引导与管理不够等几个问题。

第一节　社会力量发展不足

社会力量本身的强弱是关乎参与度高低的基本条件。在一些国家，社会力量不仅积极参与公共文化服务，而且成为公共文化服务的主要供给主体。虽说目前我国社会力量发展迅速，但与国外成熟的社会力量相比，仍然显得弱小。① 总的说来，我国公共文化服务领域的社会力量发展不足体现在以下几个方面：从时间上看，社会力量存在的时间短，发展不充分；从数量上看，参与公共文化服务的社会力量总量不多；从主体类别来看，各类参与主体参与规模和程度差异较大；从凝聚力上看，社会力量分散缺乏聚合力；从政府与社会关系上看，社会力量一直处于从属地位，其发展受到较多限制。

---

① 周余姣：《保障与方向——对〈公共文化服务保障法〉社会力量参与公共文化服务条款的解读》，载《图书馆论》，2017(4)。

一、社会力量存在时间短，发展不充分

我国的社会力量存在着特殊性，这种特殊性可以从时间上进行解释。中华人民共和国成立后，国家实行计划经济制度，政治、经济、文化都在国家的计划体制内运作，形成了一套完善的且与计划经济体系相匹配的文化管理体制。在改革开放之前的三十年，这一组织化的文化事业体系全面掌控着我国文化领域，这是一种结构完善、功能强大的公共文化动员体系，是通过行政层次、依赖行政体系实现的文化资源体制内循环的文化管理体系。① 不可否认，这种文化体制跟当时的国情紧密相关。在此种文化管理体制下，公共文化服务完全由政府管控和安排，基本没有社会力量存在，更无社会力量参与。

改革开放以后，伴随国家的政治、经济、文化体制改革，社会力量才逐渐出现并得以发展壮大，公共文化服务领域的社会力量则出现得更晚一些。在市场经济体制建立初期，国家实施以经济建设为中心的治国方略，党和政府将经济建设放在首要位置，一段时间内，经济发展情况成为衡量政府绩效的唯一指标。此时政府文化部门的工作要服从和服务于经济发展大局，要坚持以当地经济建设为重，文化部门的本职工作被弱化。就这一时期文化领域的社会力量而言，也是极其弱小的。即使一些文化爱好者建立了文化组织，成立了文化企业，其发展状况也不容乐观，他们参与公共文化服务的举动既不被政府重视，也难以得到社会的认可。当然，这是建立在一定物质基础上的合理现象，因为在基本的物质需求还未得到满足的情况下，群众通常会忽视精神方面的需求。处于经济建设的浪潮之中，为谋求生存的发展，老百姓最为关注的问题往往是"如何挣钱"，而不大会关心和看重文化建设。

进入 21 世纪，我国生产力水平进一步提升，综合国力显著增强，人民群众在物质需求得到基本满足后，精神文化方面的需求开始增加。但因经济、文化发展不平衡带来传统优秀文化边缘化、价值观念混乱、公共道德缺失、人际关系冷漠、利益化和个体化背景下的自利性突出等问题日益凸显出来。在以文化建设促进社会治理的方略被一些学者提出来以后，政府开始试图改变文化领域长期落后的局面。但面对这些情况，政府在短期内很难推出有效的应对机制和措施。与此同时，人民群众处于价值观念多元化的社会中，文化需求的个性化不断增强，仅靠政府自上而下的文化供给已经很难满足当代群众的文化需求，亟须社会力量参与到公共文化服务供给中来。近年来，文艺团队、文化组织、文化企业及参与公共文化的个人明显增多，这些文化组织、民间艺人和爱好者参与公共文化服务的意识更加强烈，在文化志愿者的规模不断扩大、文化企业的数量明显增多、文艺团队和文化组织在社区普遍成立的情况下，个人表达文

---

① 傅才武：《中国文化管理体制：性质变迁与政策意义》，载《武汉大学学报（人文科学版）》，2013(1)。

化诉求也更为主动。虽然当下我国公共文化服务领域的社会力量呈现出发展势头，但因长期不受重视，起步较晚而没有得到充分地发展，文化领域的社会力量还有待进一步培育。

二、公共文化服务领域的社会力量数量不足

社会力量自身的发展壮大是有效参与公共文化服务建设的前提。我国公共文化服务领域的社会力量发展情况可以通过一些数据加以呈现。如表 5-1 所示，从 2003 年至 2017 年，文化、体育和娱乐业内资企业固定资产投资(不含农户)从 442.03 亿元增长到 2017 年的 8619.02 亿元。其中，文化艺术业内资企业固定资产投资（不含农户）从 122.77 亿元增长到 2017 年的 3761.37 亿元，呈现逐年递增的趋势，由此可以看到文化企业的资产实力在增加，但若与西方发达国家的文化产业相比，这一数据明显不足。虽然，文化企业属于文化产业范畴，但文化企业是参与公共文化服务的重要社会力量。透过文化产业的发展情况，可以对文化领域的社会力量发展情况进行一定程度的把握。从这一组数据中还可以明显看到，文化投资是近十多年来才受到重视，文化投资长期不足是影响社会力量发展和参与的重要因素。

表 5-1　全国文化、体育和娱乐业内资企业固定资产投资(不含农户)①

年份	文化、体育和娱乐业内资企业 固定资产投资(亿元)	其中:文化艺术业内资企业 固定资产投资(亿元)
2003	442.03	122.77
2004	485.13	153.27
2005	637.66	215.16
2006	799.45	220.35
2007	1059.05	357.39
2008	1364.85	454.66
2009	2042.13	712.19
2010	2508.20	893.4
2011	3031.30	1201.18
2012	4119.60	1958.42
2013	5087.82	2359.47
2014	6010.74	2690.81
2015	6546.86	3057.61
2016	7641.78	3384.93
2017	8619.02	3761.37

① 数据来源于国家统计局数据库，http://www.stats.gov.cn，2020-08-06。

第五章　社会力量参与公共文化
服务的突出问题

作为人口大国，我国公共文化服务对象的基数大，即使文化资产总额在增长，但总额和人均数值与西方发达国家相比仍然存在很大的差距。

另外，由于群众业余文艺团体是参与公共文化服务的重要社会力量，我国公共文化服务领域的社会力量发展状况还可以从群众业余文艺团体数量上得到说明。从统计数据看，群众业余文艺团体数总体增长较快，除了在 2011 年和 2015 年比前一年有所下降之外，其余年度的数量都在增加。到 2018 年，总个数达到了 426000 个，也就是说，群众业余文艺团体在我国发展较快。但需要看到这样一个事实，这些群众业余文艺团体主要集中在乡镇。从表 5-2 可以看出，乡镇文化站群众业余文艺团体数量占据了全国群众业余文艺团体数量的绝大多数。而这些乡镇文化站群众业余文艺团体实际上并不稳定，因为商演机会不多和本身发展不顺，很容易解散。

表 5-2　全国群众业余文艺团体数①

年份	群众业余文艺团体数（个）	其中：乡镇文化站群众业余文艺团体数（个）
2008	75021	—
2009	259608	135189
2010	304505	155806
2011	267844	154799
2012	303342	178119
2013	342649	204395
2014	404610	244276
2015	383200	229100
2016	398398	238661
2017	417000	249000
2018	426000	259000

除去乡镇文化站群众业余文艺团体数外，全国有实力、影响力较大的群众业余文艺团体数量并不算多，相较于社会组织培育较早和公共文化服务体系完备的发达国家而言，我国公共文化服务领域的社会力量的数量不足且力量弱小，这已经成为掣肘公共文化服务社会化的重要原因。

三、各类社会力量规模和参与程度差异大

就现阶段社会力量参与公共文化服务的情况来看，各类主体的力量存在较大差异，参与的规模和程度也参差不齐。这可以从文化志愿者、文化企业、民间文艺团队及组织、个人的参与状况方面得到解释。

---

① 数据来源于国家统计局数据库，http://www.stats.gov.cn，2020-08-06。

从文化志愿者来看，公共文化服务志愿者总体说来队伍逐渐壮大，志愿服务的种类较以前增多，服务方式得以改进，服务效果逐渐增强。文化志愿者的参与能力在逐步提升，文化志愿者队伍伴随人们生活水平的提高、社会意识的觉醒和文化素质的提升会更加壮大。但由于公共文化服务志愿者服务平台和机制不健全、管理制度不规范及激励措施缺乏，因此志愿者队伍未能有效发挥文化促进作用。摆脱现阶段基层文化人才严重不足的困境，积极推动和发展文化志愿者事业，让更多的民间文化能人和文化爱好者参与到公共文化服务事业中来，是推动公共文化服务事业发展的有效路径之一。目前，广大志愿者缺乏统一的组织予以整合、协调，由于人员分配问题导致志愿者参与人数众多而有效的志愿行为却稀少的现象较为普遍。[①] 志愿者组织因行政色彩过于浓厚，其自主性遭到削弱。长期得不到激励，也因此造成文化志愿者的积极性下降。为了更好地促进文化志愿者积极有效地参与公共文化服务，应该认识和明确管理体制和机制上存在的具体问题。政府要采取措施吸纳文化志愿者的参与，并建立起常态化的运行机制和制度保障。

从企业参与来看，中小企业的社会责任感不强。有实力的文化企业参与公共文化服务的数量有所增多，它们主要参与到公共文化服务中的大型项目建设和管理运营之中，通过政府与社会资本合作模式、政府购买或服务外包的形式参与。但是众多的中小型企业在公共文化服务的参与中缺乏竞争力，又因资源缺乏造成发展后劲不足，部分文化企业的负责人在发展中存在依赖心理，总希望政府给予支持，缺乏创造力和市场应对力。

从民间文艺团队和文化组织来看，参与度有待提升。绝大多数民间文艺团队和文化组织目前处于自娱自乐的状态，仅有极少数已经产生较大影响力的文艺团队和文化组织与政府关系密切，能配合政府完成一些文化活动的开展和文化产品的供给。民间文艺团队和文化组织对于政府和广大群众而言，实际上是非常宝贵的文化资源。它们一般由拥有文化特长的文化能人和文化爱好者组成，其中不乏有许多优秀中国传统文化的传承人和优秀的民间艺人，这些人才是文化的载体，也是推动文化发展的潜在的重要社会力量。基层文化部门在公共文化服务中严重缺乏人才的状况可以通过民间文化人才的挖掘使用得到解决，遗憾的是民间文化资源并没有得到充分的重视，并且缺乏保障文化资源的制度和机制。民间文艺团队和文化组织参与度的提升有赖于政府主动整合这些民间文化资源的行动的实施。

从个人来看，公共精神和文化意识有待培育和加强。在社会转型期，人们的价值观念多元化，社会个体化和自利倾向已经成为人们诟病现代公共精神缺失的主要理由。在市场化的冲击之下，人们生活的唯一目的似乎就是为了挣钱。在农村，原来的互助、

---

① 牛秋业、张桂娥：《公共危机治理中的社会参与主体存在的问题与对策》，载《生产力研究》，2010(8)。

第五章　社会力量参与公共文化
服务的突出问题

集体精神被金钱算计代替，原有的传统公共活动减少，人们的公共参与意识弱化，一些人甚至担心农村的红白喜事活动都会因缺乏合作精神而将无法正常开展。在这样的背景之下，人们只看到了自己的眼前利益，关注自己的经济收益，对于政府供给的文化产品和服务视而不见，据调查，农村居民知晓本村公共文化服务项目的只占村民的少数，接受和参与公共文化服务的就更少了。在城市，文艺团队普遍增多，人们的文化娱乐活动变得更加丰富，但公共精神依然缺失，如为跳广场舞而争夺地盘、音响扰民等就被媒体多次报道，公共性的培育是增强民众参与公共文化服务的基础，需引起重视。

四、社会力量分散，缺乏聚合力

公共文化服务领域的社会力量中除了少数文化企业、组织、团体等规模较大外，绝大多数社会力量都分散于基层社会之中。虽然目前也有一些社会力量通过政府购买和政府与社会资本合作模式的方式跟政府实现合作，但社会力量要更有效地参与到基层社会公共文化服务中来，还需要社会力量形成聚合力。我们在多次参与基层公共文化服务发展的调查中发现，无论是文化志愿者、文艺团队或其他文化类组织都是处于分散状态，缺乏联系，文化领域的社会力量不像商业领域的各行各业有着行会、商会等整合和沟通机制。

（一）志愿者分散化

近年来公共文化服务领域的志愿者规模不断扩大，参与者的主动性和积极性也在很大程度上得到提高，但问题依然存在，基层文化部门缺乏吸纳和鼓励志愿者参与的政策和平台。如在武汉市的多个社区调查中发现，与社区有联系的志愿者并不少，主要是大学生群体，他们在社区心理辅导、社区儿童教育辅导、社区老年大学培训、社区讲堂等都有着参与的意愿，因为大学生志愿者群体为完成学业，本身也有社会实践的要求。我们了解到，因为社区缺乏志愿者管理的相关规定，更缺乏相关的激励措施，导致志愿者的工作开展起来不顺畅，服务效果也不理想，志愿者的积极性也容易被打击。因此，参与社区文化服务的主要是临时性的志愿者，难以建立起长久的服务联系。武汉市的 H 社区因处于大学城内，一批大学生找到社区居委会主动要求帮助社区居民开展维修电器服务，但因为社区连接机制不畅通、对接协调困难，很多时候都是志愿者去了没活干，这批志愿者的队伍就逐渐解散了，只剩下一些成员和接受过服务的家庭私下单独联系，志愿服务转为私人联络，这样就很大程度上削弱了志愿服务的覆盖面。

（二）基层文化组织分散化

基层文艺团队和组织之间也是处于分散状态，各社区都有自己的文艺团队和组织，但是人数较少，社区与社区之间没有交流。街道在参加区、市级的大型文化活动时，往往找不到合适的团队出演。街道和社区的社会文化资源缺乏整合，往往是自娱自乐，很难发展壮大。这些文艺团队和文化组织因本身弱小难以创作出有价值的作品参与到政府倡导的公共文化服务中来。

(三)民办文化场馆生存困难

国家鼓励社会力量兴建、捐建文化设施，也主张根据公共图书馆、博物馆、文化馆等公共文化设施的功能定位，推动建立健全法人治理结构，吸收有关方面代表、专业人士和公众参与管理。民办图书馆、博物馆在近年来有增多的趋势，文化部门也制定了一些政策对社会力量兴建和捐建文化设施的行为进行鼓励和支持，但是必须看到的是，很多民办图书馆和博物馆因为缺乏资金和其他相关资源，难以存续，倒闭者为数众多。政府体制内的公共图书馆、博物馆、文化馆等纷纷响应政府号召，实行法人治理结构改革，纷纷建立起理事会组织，但根据实际调研结果来看，绝大多数法人治理都是因创建公共文化服务体系示范区的要求或当地文化政策要求而设立，实际工作中流于形式，并未真正发挥作用。法人组织中的代表、专业人士和公众甚至完全不了解相应的场馆运营情况，这些社会力量实际上根本没有参与到公共文化服务管理与运营中来，而是徒有虚名。

(四)市场机制并未完全形成

近年来，政府出台的关于公共文化服务发展的相关文件中，不缺乏明确引入市场机制和市场手段，发挥市场有效配置公共文化资源、提高公共文化服务效能，推行公共文化服务市场化的内容。各地方文化部门纷纷出台关于推进购买公共文化服务或政府与社会资本合作模式的相关政策，将部分政府承担的公共文化服务项目和职能以一定的方式交给市场来完成。此种文化发展路径在某种程度上确实打破了政府全能包揽和承担公共文化服务的传统做法，但从实际情况来看，政府主导下的公共文化服务仍缺乏竞争规则和市场意识。市场化在公共文化服务领域还处于初步探索阶段，相关的制度、机制和理念还严重缺乏，这也导致在购买公共文化服务和政府与社会资本合作中出现了许多始料未及的问题。

五、社会力量发展受到较多限制

值得注意的是，即便是在当下文化治理理念全面推行的情况下，社会力量仍然处于从属地位。首先，作为协作政府进行文化治理的主体，文化企业、文化组织和文化团队在参与公共文化服务和公共文化服务活动中受到许多限制。其次，群众参与少。在政府主导文化发展的模式之下，广大人民群众作为公共文化服务的享用者，却在文化发展中缺乏参与度和话语权。文化应该坚持社会本位，坚持以人为本，贴近实际、贴近生活、贴近群众，发挥人民群众在文化建设中的主体作用。若文化建设不是站在群众立场，以人民群众为出发点和落脚点，公共文化服务的效能就难以得到提升。公共文化服务领域中的社会主体作为现代文化的建设者，其关于公共文化发展的建议和作用也得不到充分重视。在建设公共文化服务体系示范区中，作为示范区创建的主体，政府也存在重视文化供给、忽视文化需求的现象。公共文化的社会参与率不高、参与机制不健全、参与后得不到足够重视的问题仍然普遍存在，绝大多数社会力量在文化建设中还是处于被动和从属地位。正是社会力量在公共文化参与中的被动和从属地位，导致社会力量发展受到许多限制。

第二节　社会力量参与不足

社会力量的参与不足是当前公共文化服务中存在的突出特征，相比其他领域而言，公共文化服务领域的社会力量参与不足问题更加明显。公共文化服务领域的社会力量发展不足、参与体制和机制不健全、参与积极性不高等都是导致目前社会力量参与程度低及参与效果受限的原因。参与积极性不高一方面是导致参与效果不佳的原因，另一方面参与效果不佳也会使社会力量参与积极性受到影响，二者互为因果，相互掣肘。目前，社会力量参与公共文化服务的不足概括起来有以下几方面：参与程度受限、公共文化领域融资困难、参与积极性不够、社会力量失灵等。

一、社会力量参与程度受限

公共文化服务领域的社会力量本身发展不足的情况已经在前文进行了较为详细的论述。不仅如此，已经发展起来的社会力量能真正参与到公共文化服务中的又是其中的少数，绝大多数社会力量有参与的意愿，但因缺乏恰当的机会而徘徊于公共文化服务领域之外。社会力量参与程度受限主要表现在以下两个方面。

一是文化类社会力量参与规模不大。文化类的社会力量，主要包括文化志愿者、文化能人、文化爱好者、文化企业、民间文艺团队及其他文化类组织。这些社会文化组织和个人都是参与公共文化服务的潜在社会力量，就当前的社会力量参与状况看，文化类社会力量主动参与的意识并不强，多是文化群体的集体自发性组织或推进，其功能辐射的范围也仅限于团体内部，缺乏推广其文化产品和服务群众的理念。因而，绝大多数社会力量并未参与到公共文化服务中来。并且，已经参与到公共文化服务中的社会力量规模并不大。近年来，政府的文化职能从传统的文化管控方式向文化治理转变，出台了一系列关于社会力量参与公共文化服务的政策措施，有意识地鼓励和引导社会力量参与到公共文化服务中，但效果并不是很明显，文化组织和政府的常态化合作机制并没有建立起来，已经参与到公共文化服务中的社会力量也多限于初层次的参与和局部参与。

二是非文化类社会力量参与范围受限。在现代公共文化服务体系建设中，越来越多的非文化类社会力量参与到公共文化服务中来，但参与的范围却十分有限。一方面，社会力量参与文化场馆的建设和运营。社会力量参与政府的场馆建设和运营多采用政府与社会资本合作模式，但政府与社会资本合作模式也不是万能的，它受到项目类型的限制。从项目特点来看，投资规模小、需求不稳定或只是短期需求、价格机制不灵活、市场化程度不高或不具任何营利性质的项目都不适合直接采用政府与社会资本合作模式进行融资和建设。目前，公共文化服务本身的公益性及 PPP 参与机制不完善，承包商机会主义行为、风险分担不合理、合同的不完全性、政府治理能力不高、缺失的法制环境等因素都可能导致项目合作失败。另一方面，部分社会力量通过政府购买的渠道参与公共文化产品或服务的供给。目前，政府向社会力量购买公共文化服务的做法并不少见，但都处于探索之中，很多文化服务和产品政府不放心购买，导致购买的范围很窄，政府购买的数量也并不多，大部分服务和产品仍由政府供给。

二、公共文化领域融资难

伴随着我国经济社会的发展，公共文化服务的需求极大增加，一些地方的文化场馆设施不能满足群众的文化需求，社会力量参与公共文化服务的基础设施建设是必然趋势。政府转变职能，创新治理模式，发挥市场经济的优越性，充分利用社会资本来进行公共文化设施和公共文化服务建设，既能缓解财政压力，提升政府文化治理能力，还能提供优质的公共文化产品和服务。

社会力量投资公共文化服务是公共文化服务市场化的重要方面，社会投资规模直接关系到公共文化服务的质量和文化产品的数量。公共文化领域融资相对于经济领域而言存在着特殊性，其融资受多种因素的制约。首先，由于公共文化基础设施建设存在投资大、建设周期长的特点，加上公共文化服务本身的公益性，文化场馆运营后很难在短期内回本。其次，文化企业投资是为了获得收益，投资公司不会只为情怀买单，但因市场运作机制在公共文化服务领域还没有完全建立起来，企业在投资中存在利益受损或效益无法保障的情况。虽然现阶段有一部分文化企业及该公司负责人对于公共文化服务体系建设投资具有较高的投资热情，但作为投资方，需要关注的是投资项目的收益和未来发展，但对于这一问题的回答，部分地方政府部门不能给出恰当的解答。政府也无法用其他明确的优势和特点来吸引投资方。再次，参与意愿相对强烈的文化企业规模普遍偏小，且多是"单打独斗"不"抱团"，导致本身的投资能力弱。最后，还存在融资方式单一的问题，目前政府主要通过政府与社会资本合作模式对文化场馆建设进行社会融资，但由于我国公共文化服务长期由政府包办，市场化还处于初步探索之中，政府与社会资本合作模式是近年来才被文化部门明确为融资的可行途径，公共文化服务领域中应用政府与社会资本合作模式的项目寥寥无几，没有现成的经验可以借鉴，融资效果也受到了很大的影响。而社会捐赠、成立基金会等融资方式的可持续性问题也没有得到有效解决。

第五章　社会力量参与公共文化
服务的突出问题

三、社会力量参与积极性不够

参与的积极性不够是社会力量参与不足的重要原因之一。公共文化服务的积极性不够主要源于政府出台的鼓励社会力量参与公共文化服务的优惠政策吸引力不强。虽然政府近年来陆续出台了一些鼓励社会力量参与公共文化服务的措施，但从实际情况来看，社会力量参与公共文化服务的积极性依然不高，其原因在于社会力量在公共文化服务领域的参与方面存在一些顾虑。

就企业参与而言，企业长期被排斥在公共文化服务领域之外，导致社会企业缺乏参与经验。在参与预期不明朗或参与经验缺乏的情况下，企业负责人基于企业利益和发展考虑，就可能放弃参与公共文化服务投资的尝试。

就文化组织参与而言，民间文艺团队和文化组织一般由民间文化爱好者自发组建，多基于一个群体的自娱自乐，和政府主导供给的公共文化服务的初衷存在差异，需要政府的积极引导或以合适的方式将社会文化组织整合进公共文化服务的体系之内，才能和政府建立起良好的互动关系，以促进参与更好实现。目前绝大多数的文化组织显然没有获得足够的动力参与到公共文化服务中来。

就文化志愿者来看，他们在公共文化服务的参与中呈现出随意化和个体化的特点，政府文化部门缺乏对参与者的激励和引导，参与不顺畅的情况时有发生，参与者的积极性受到影响，文化志愿者个体参与的可持续性不强。

从群众参与来看，目前群众的文化需求虽然明显增加，但一些公共文化服务项目却不受群众欢迎，社区(村)图书室长期得不到群众的青睐，一些免费的文化服务难以吸引群众注目。在现代公共文化服务体系建设中，一些地方政府提出要广泛动员群众参与公共文化服务，并建立起群众需求征集机制，但实际运作效果并不理想。群众的参与积极性不高已经成为公共文化服务中供需矛盾的主要缘由。

四、社会力量参与存在失灵风险

社会力量参与不足之处除了上述问题外，还可能存在参与失灵的情况。企业、文艺团队、文化组织、志愿者等各类社会力量在参与中都存在失灵的风险。

首先，在一定的情况之下，企业可能采取机会主义行为。公共文化项目的价值体现在它承载的社会效益，社会效益的高低也是政府治理能力强弱的重要体现。如在政府与社会资本合作模式中，政府和社会资本是基于合同的合作，政府追求的是项目带来的社会效益，社会资本追求的是参与项目的经济效益，二者的利益目标相同。利润最大化永远是资本的根本属性，企业可能在信息不对称的情况下采取机会主义行为以节约成本，这将损害政府建设单位的利益，影响受众的文化权益。这需要政府在与社会资本合作中发挥好监管作用，通过有效手段抑制企业的投机行为。企业可能为了自身利益而在合作中偷工减料或者在利益不可期的情况下撤资。建立合理、透明、健全的合作机制是有效规避企业投机行为的必然选择。

其次，企业和政府项目合作还可能失败。风险分担不合理、合同的不完全性、缺失的法制环境等因素都可能给项目合作的最终失败埋下伏笔。

再次，文艺团队及文化组织参与的随意性可能导致参与无效。大部分文艺组织都是自发组织起来的团队，缺乏规范性，文化组织存在随时解散的风险。在没有严格管理的情况下，参与公共文化服务也具有临时性和随意性，在政府没有及时引导和监管的情况下，文化组织可以随意中断自己的参与行为。在缺乏政府激励的情况下，文艺团队和其他文化组织参与动力缺乏，参与的可持续性也得不到保障。

最后，志愿者在参与公共文化服务中同样存在失灵的可能。作为公益性和自愿性为特征的志愿服务，志愿者凭借个人高尚情怀和社会服务意识参与文化服务。志愿者群体本身具有流动性较强的特点，参与行为随时可能中断。并且，公共文化服务中的志愿者参与需要一定的连接机制，在实践中，志愿者在参与中会遇到各种问题，参与的可持续性难以保障，加之志愿者参与具备临时性和机动性，决定了其只能是公共文化服务体系常态化运转中的补充。

第三节　社会力量参与平台和制度不健全

社会力量参与公共文化服务需要一定的平台和制度作为支撑，否则难以有效推进。目前社会力量参与公共文化服务的平台和制度并不健全，具体可归结为社会力量参与平台缺乏、社会力量参与制度不完善、社会力量参与渠道不畅通三个方面。

一、社会力量参与平台缺乏

在政府主导公共文化服务的情况下，社会力量参与公共文化服务需要基于一定的合作平台。目前，社会力量和公共文化之间缺乏合作的平台，一方面是政府苦于找到社会力量，另一方面则是社会力量经常处于参与没目标、投资没方向、赞助没项目的境地，急需明确参与领域、打通渠道、搭建平台，这就造成了社会力量参与和政府引导的盲目性。[①] 社会力量在参与公共文化中缺乏参与规划，一些不当的参与行为不仅有损自身的利益，也对政府和人民群众产生了消极影响。政府在引导社会力量参与中同样缺乏规划性和对参与行为的监管，部分地方政府盲目鼓励，很多项目交给社会力量管理和建设并不合适，但为了追随公共文化服务社会化的大潮流，盲目引进社会力量，不仅导致资源浪费，而且公共服务的质量不但没有得到提高反而导致服务效能下降。

---

① 荆晓燕、赵立波：《社会力量参与公共文化服务体系建设研究》，载《中共福建省委党校学报》，2015(5)。

一些文化部门为了培育社会文化组织，采取政策性扶持方式与一些初建的文化组织签订合作协议，政府为文化组织提供资金支持，而这些文化组织需要完成政府交代的一些文化任务，如读书组织要推广全民阅读，文艺团队要定期为群众开展文艺表演活动，文化企业要将文化空间向社会群众免费开放等。这些合作本身是有意义的，但因文化部门监管不到位或者社会力量的自觉性不够，政府在给予资金支持之后，这些社会力量并没有将协议任务落实到位。

盲目性还表现在一些文化项目适用于社会力量参与，但是没有合理定位项目运营的方式，导致政府和社会力量合作失败。

总的说来，部分地方文化部门已经意识到平台建设的重要性，并发出"政府搭台，企业唱戏"的号召，出台了一些平台建设的举措。但就实际情况来看，政策落地困难，公共服务仍然处于"政府唱戏，社会看戏"的状况之下。

二、社会力量参与制度不完善

社会力量参与制度不完善表现在三个方面：一是宏观政策未落地。国家和各省、自治区、直辖市文化部门都出台了关于鼓励和引导社会力量参与公共文化服务的政策，这些政策作为宏观性的指导性意见，在具体的实施过程中没有得到有效落地。二是地方文化部门出台的实施方案操作性不强。在各省文化部门的要求下，各市、区、县文化主管部门探索社会力量参与公共文化服务的方式，并出台了相关的政策文件，但因经验缺乏，制定的文化政策不够具体，导致社会力量在参与中仍然不清楚程序和权责。三是制度内容缺乏。对社会力量的界定可以明确参与主体，对参与方式的规定和探索是实现有效参与的保障，而参与评价的制度性规定可以提高社会力量参与的积极性，保证社会力量参与的可持续性。从目前我国社会力量参与公共文化服务的已有制度来看，对社会力量的界定、参与方式、参与评价等方面的规定都明显不足。

与现代公共文化服务发展要求和文化治理需求相比，目前，社会力量参与公共文化服务制度不完善带来一系列亟须解决的问题。因制度不完善而带来的突出的问题主要集中在三个方面：一是导致社会力量参与受阻，参与积极性受挫，参与效果削弱。二是导致社会力量参与随意性强，缺乏管理。随着我国经济的发展和社会的进步，社会力量的数量不断增多，参与主体也更加多样化。然而，因为缺乏制度性的参与规定，社会力量参与处于缺乏引导和管理的状态，完全凭着参与意愿自发参与。三是导致社会力量参与机制不健全，社会力量和政府合作不顺。社会力量有效参与公共文化服务的核心是参与机制的构建，建构合理的协同治理机制、合作机制及激励机制是社会力量参与的机制保障。在利益契合、双赢发展的基础上推进社会力量参与公共文化服务，才能让政府和社会力量的合作持续推进。

三、社会力量参与渠道不畅通

改革开放以来，社会变革加快，社会主义市场经济的发展，特别是随着近年来文化治理理念的推广和现代公共文化服务体系的建设，社会结构发生了重大变革，政府从"管理"功能向"治理"功能转变。"管理"理念和"治理"理念具有的本质上的差异性，国家职能必须随之转变，文化部门角色也随之发生变化，概括起来就是由"全能型政府"向"有限型政府"的转型。文化领域向社会开放，社会主体参与到公共文化服务的供给中来，并将市场机制引入到公共文化领域。

社会力量可以通过政府与社会资本合作模式、政府购买、政府扶持、文化资源整合、社会捐赠、建设基金会等多种方式参与到公共文化服务体系建设中来。表面上看社会力量的参与渠道颇多，但实际上起作用的渠道很少。因为这些参与渠道制度化和法律化不足，常常是围绕政府文化部门的中心工作推进一些参与项目，社会力量的自主性难以发挥。社会力量的参与呈现出随意性和偶然性，参与中不能实现有效沟通，诉求难以表达，导致社会力量参与的信心不足，政府和社会力量彼此的信任度下降。在一些参与实践中，因参与渠道不畅通和规范性不够，一些企业为实现营利目的而采取非制度化的参与行为。例如，在某文化场馆建设中，某些社会力量试图通过违规甚至违法手段影响招投标结果，等等。

社会力量参与渠道不畅通还表现在网络参与方面。公共文化数字化已经成为当前发展的趋势，越来越多的数字文化云平台建立起来，街道和社区也配备了相应的数字文化服务设备。数字文化的发展使得越来越多的公共文化服务产品在线上供给，群众使用起来也更加方便。不足之处在于已有的数字文化服务产品是单方面的行为，忽略了群众的利益诉求。在一些文化云平台上也设有需求反馈板块，但由于群众参与意识不强、反馈未能得到及时回复等，这一环节的运作效果并不理想。

虽然市场机制被逐渐引进公共文化服务领域，但仍然受到准入限制。目前绝大多数公共文化产品的供给、文化设施的运营和管理、文化人才的培养都局限于政府文化体系内部。一些文化产品和文化服务完全可以交给社会力量来运作，让社会力量在参与中获得更多的空间和机会，否则，社会力量的参与仍然存在较大的局限性。

推动社会力量有效参与公共文化服务，打通参与渠道是关键。不仅要打通现有的参与渠道，还要积极拓展和探索新的参与渠道。

第四节　政府对社会力量的支持、引导与管理不够

政府对社会力量的支持、引导与管理不够也是公共文化服务社会化中存在的又一个突出问题。政府在文化治理领域处于主导地位，社会力量作为政府的协同治理主体，存在自利性、盲目性和不稳定性，社会力量的这些缺点要求政府对其参与行为进行合理的支持、引导和管理。为了更加清楚地认识到不足，有必要对存在的问题加以明确。

一、政府对社会力量参与公共文化服务缺乏支持

社会力量参与公共文化服务需要建立在动员的基础上，动员需要基于一定的支持和鼓励。社会力量要生存和发展下去需要一定的物质资料和精神鼓励作为支撑，政府作为动员的主体需要对被动员的社会力量给予恰当的支持，否则将会影响社会力量参与的积极性，使其参与难以持续。

在服务外包中，政府部门若将可以由社会力量完成的公共文化服务以合同外包的方式将服务外包给有实力、信誉好、专业性强的企业和文化组织，并给予合适的经费报酬，不仅可以增加社会力量参与的机会，还可以提高社会力量参与的积极性。然而，当前政府文化部门服务外包的政策制度并不完善，外包方式也未得到重视和推广。民间性质的基金会、慈善机构、各类文化协会（学会）、民间艺术团、民办博物馆、基层文化组织以及个人利用自身拥有的文化资源，自发举办各类演出、研讨会、展览、比赛、广场文化活动、公益培训、民族民间特色文化传习等，为社会提供公共文化产品和服务。但政府对于这些社会力量缺乏支持，这部分社会力量发展情况并不理想，其参与公共文化服务的能力十分有限。

从政策倾斜方面看，近年来，国家在公共文化领域的投入方面逐渐增加，部分地方政府将社会力量兴办公共文化建设项目纳入国民经济和社会发展规划；对社会力量兴办公共文化服务项目，在土地使用、建设、费用减免等方面根据国家规定给予了一定的政策倾斜；为社会力量进入公共文化服务领域提供信用贷款支持；鼓励社会力量在符合用地功能建设条件情况下利用废弃用地、老旧厂房、仓储用房、历史街区、老旧民宅村落等兴办公共文化项目。规范政府购买公共文化服务操作程序，建立以项目选定、信息发布、组织采购、项目监管、绩效评价为主要内容的规范化购买流程，扶持公共文化服务领域企业与非政府组织的发展，推进公共文化服务的社会化与市场化，使社会资本兴办的公益文化机构获得与国有文化事业单位同等竞争机会。这些政策倾斜无疑有利于激励社会力量积极参与到公共文化服务事业中。然而，这些政策在实践中需要多个部门的支持，若政策落地缺乏组织和机制支撑，将会导致这些优惠政策难以贯彻执行。

政府对社会力量给予一定的资金补助也是支持的一种方式。在政策层面，各地对于社会力量新建的博物馆、图书馆、文化馆、美术馆及其他文化艺术场馆，根据其承担的公共文化服务数量和质量情况给予一定的资金补助；对于社会力量承办公共文化活动，根据活动项目投入额、社会影响面和群众受惠度等给予一定的资金补助；对于社会力量参与公共文化设施运作和管理，根据其资金投入额、设施利用率和群众满意度给予一定的考评奖励。同时不断丰富政府购买公共文化服务内容，将各类民办性质文化设施提供的免费或低收费公益服务、参与公共文化设施的运营和管理、公益性文化活动的组织与承办、公益性文化产品的创作与传播、优秀传统文化的保护传承与展

示等列入政府购买范围。这些政策是政府对社会力量进行资金补助的重要方式，但实际的效果并不理想。一些民间主体拥有丰富的文化资源，但并非确实需要政府的资金支持，如一些学校并不愿意将图书馆、博物馆等文化场馆向社会开放，是考虑到管理风险；一些民间文化组织完全可以通过商演等形式获取经济利益，他们愿意提供免费的公共文化服务是基于文化场地和宣传效应，因而政府单纯的资金补助未必能够有效吸纳社会力量。因此，政府对社会力量缺乏支持，不仅仅是支持力度不够，也表现为支持方式不合理。一些支持行为是政府单方面的行为，具有盲目性，没有根据社会组织、机构的不同性质与需求而对之予以恰当合理的支持。

二、政府在社会力量参与公共文化服务方面引导不够

社会力量的发展不仅需要政府的支持、鼓励，还需要政府适时引导。在社会转型期，价值观念多元化，社会力量的公益意识、服务意识和责任意识还未完全形成。公共文化服务是中国特色社会主义文化的重要组成部分，文化发展需要体现新时代中国文化发展的文化方向，社会力量在新时期文化治理中必定会发挥越来越重要的作用。社会力量参与文化供给需要在政府的引导下将优秀、健康和符合群众需求的文化产品提供给人民群众。

参与公共文化服务的企业是社会力量的重要主体，从企业本身的利益而言，获得利润才是其最大的目的。一些文化企业在参与公共文化服务中存在也表现出明显的自利倾向，甚至为了谋取经济利益而不惜采用一些违规违法手段。有些企业为了让企业产品牟利，私自篡改文化典故、歪曲文化内涵，还有的甚至加入了一些不健康的内容。企业在提供文化产品，进行文化营销的同时，其还担负着更重的社会责任与历史使命。文化是一个国家和民族的灵魂，是国家发展的软实力，也是群众的精神生活食粮，积极的文化能够带给人们前进的动力，而消极、落后的文化生产不仅浪费资源，还会带来很多负面效应。政府应该引导文化企业反思自身的不足，立足于给社会带来优质、健康的文化产品，在谋求经济利益的同时要增强社会责任感和公益属性。政府若不及时引导，将会影响到群众健康的精神生活，给社会带来负面影响。

社会力量参与公共文化服务需要政府适时引导，才能促进文化治理良好发展。政府对社会力量引导不够可归结为以下两个方面：一是政府对已经参与到公共文化服务领域的社会力量缺乏引导。已经参与到公共文化服务中的社会力量成为政府公共文化服务的重要协同主体，引导其如何将作用发挥到最大，是现阶段政府应该思考的问题。目前社会力量的参与程度不深、效果不佳跟政府的文化体制和社会力量本身都有关系，前面的内容对此已经做了较为详细的说明。尽管如此，政府在实践中对社会力量的引导不够也是导致社会力量参与有效性削弱的重要因素。目前，政府对社会力量的参与重视不足，社会力量在参与中难以实现自身的发展，并且在参与中信心不足，政府在和社会力量合作中处于强势和优越地位，社会力量的潜力和优势难以被挖掘和被体现，

参与中社会力量的创造性和专业精神难以被激发。二是政府对还未参与到公共文化服务领域的潜在社会力量引导不够。一些企业、文化队伍、组织和个人有参与公共文化服务的意向和乐于服务社会的精神，但因为参与平台受限、参与渠道不通和参与方式不合适等，一直被阻挡于公共文化服务领域之外。这些潜在的社会力量数量庞大，是政府文化治理的重要依靠对象和发展对象，政府应该在实际的文化发展中，挖掘和扶持这些社会力量，为这些社会力量参与到公共文化服务体系中提供相应的机会、平台和渠道，引导社会力量积极参与到合适的公共文化服务项目中。政府可根据不同社会主体各自的特点、优势，引导各种社会力量发挥优势，积极参与。

目前看来，政府职能转变没有完全到位，部分政府部门仍然对社会力量实行传统的管控，而对社会力量的引导不足。转变政府职能，社会力量参与公共文化服务需要得到应有的重视和积极引导。政府是社会力量参与公共文化服务的重要指引，政府的有效引导，可以使很多处于观望状态的社会力量下定决心参与到公共文化服务中来。

三、政府对社会力量参与公共文化服务缺乏管理

社会力量参与公共文化服务具有盲目性，其文化产品和服务内涵具有民间性，在服务形式上也存在随意性。街道（乡镇）文化服务薄弱是不可争辩的客观事实，街道（乡镇）文化站作为政府文化服务体系的最后一级，不仅文化人才严重缺乏，其他文化资源也是严重不足。一些街道（乡镇）文化站没有办公场地，在一些老城区的街道，因为原来的建设规划中没有将文化站建设纳入规划，在办公空间本身就不足的情况下，文化场地严重不足，文化站形同虚设。在一些偏远落后的乡镇，文化服务不被重视，文化站还未转变角色，仍然协助政府完成经济建设和其他社会治理的一些指标，文化功能边缘化。社区（村）的公共文化服务人才严重缺乏，许多社区配备一名文化管理员的标准都难以达到。即使部分社区（村）设有文化管理员，其也并没有完全承担文化服务职能，往往一个文化管理员还要兼任网格员、宣传员等多项职责，文化工作不被重视。

街道（乡镇）和社区（村）在严重缺乏文化人才的情况下，公共文化服务管理和效能存在很大的问题。街道（乡镇）和社区（村）的电子阅览室、图书室、文化活动室经常是大门紧闭、无人看管。虽然这些文化场地都有管理制度和开放规定，但因人手不够和监管不力，基本处于荒废状态。在这样的情况下，基层的社会力量参与公共文化服务得不到应有的重视，一些社会组织和个人尝试为社区（村）提供文化服务支持，这些参与活动处于缺乏管理的自发状态。一些地方尝试通过创新将社区（村庄）的退休教师、退休村干部、文化爱好者等文化能人动员起来参与公共文化服务设施的管理，但因缺乏政策上的支持和保障，全凭个人的思想觉悟，缺乏持续性的管理举措，存在随意性、自发性、不可持续性倾向，使得原本值得推进的管理模式也难以为继。

在一些大型文化活动和文化项目中，政府对社会力量参与公共文化服务同样存在

缺乏管理的问题，在通过服务外包、政府购买和政府与社会资本合作模式引进社会力量参与公共文化服务的项目中，监管的缺失导致建设中的工程质量问题、运营中的服务不到位问题等。社会力量参与公共文化服务，并非政府将文化项目移交给社会力量之后就可以放任不管。社会力量在服务中的行为和运作过程都需要政府及时有效地管理，以便在出现问题时及时予以纠正或调适。

第六章　积极引导和鼓励社会力量
参与公共文化服务

公共文化服务社会化作为构建现代公共文化服务体系建设的重要内容，也是提升基层公共文化服务效能的应有之义。针对当前我国社会力量参与公共文化服务体系建设中存在的一些问题，为了积极引导和鼓励社会力量参与公共文化服务，需要加快公共文化服务的供给侧改革。通过大力培育社会力量，完善社会力量参与公共文化服务的政策与法规，建构社会力量参与公共文化服务的长效机制，加强对社会力量的引导与监管及构建政府有效主导、社会力量积极参与的现代公共文化服务体系等，加快引导和鼓励社会力量参与公共文化服务。

第一节　大力培育社会力量

在当前我国公共文化服务社会化的实践过程中，社会主体的发育不足，已经成为影响我国社会力量参与公共文化服务体系建设的重要因素。为加快社会力量参与公共文化服务体系建设，首先需要大力培育社会力量，加快孵化及培育相应的社会主体，为社会力量参与公共文化服务体系建设提供相应的组织基础。具体来看，可以根据参与主体、参与性质等的不同，分类实施扶持政策，建立分门别类的社会力量培育体系，加强对于社会力量的扶持力度。

一、积极扶持民间非营利组织的发展

根据社会组织的营利与否，可以将其分为民间营利组织及非营利组织。在我国，非营利组织及其他一些营利性较低的社会组织，由于其公益性的特征，在公共文化服务体系建设过程中发挥着十分重要的作用。在扶持政策上，应该坚持社会力量所受的支持力度与营利性程度呈反比的原则，即营利性程度越低，所获支持力度就越大。同时，对于一些公共文化服务资源较为紧缺的领域，必须承认民间资本进入这些领域的

逐利性，允许其获取合理的投资收益。

由于民间非营利组织公益性的特征，政府应加大培育及扶持力度，从政策层面为民间非营利组织的发展营造良好的社会环境。在具体的路径层面，可以通过公益创投的形式，从资金、场地、政策等多方面给予支持，加快民间非营利组织的孵化及培育。政府可以通过政府补贴、政府委托、政府采购或是较大幅度地减免税收等方式以及适应市场经济需要的政府捐赠的形式，对民间非营利文化组织提供资金支持，为这类组织的快速发展提供帮助，为人民群众提供高质量、高品位的公益性文化服务，进而实现对民间非营利文化组织从"管理"向"服务"转变。

同时，要给予社会组织更大的发展空间和自主权，在相关法律法规的基础上，尽量减少行政干预及不介入其内部的具体事务，确保其经营上的独立性，为民间非营利组织的发展提供良好的社会环境。各级政府及部门必须将扶持民间非营利组织的发展作为一项重要的职责，逐步形成共建共享、互联互通、协调发展的扶持体系，为民间非营利组织的发展提供相应的政策支持。加快推行社会组织承诺制度，建立健全社会组织法定代表人面向社会公开承诺体系：遵照相应的法理法规及政策文件的规定，依法依规开展非营利性文化服务活动，主动开展、积极参与公益性公共文化活动，积极履行意识形态建设工作责任，抓好安全稳定和消防安全工作，并自愿接受文化行政部门的业务管理和监督。

二、加强民间文化服务组织的培育与发展

民间组织作为弥补基层文化建设领域政府服务和市场服务的不足的重要力量，也是人民群众参与公共文化服务体系建设的组织机制。特别是当前广场舞在各地兴起的时代背景下，需要进一步加强民间组织的培育及发展，探索人民群众参与公共文化服务体系建设的组织化机制。由于零散的群众组织体系，难以保证人民群众公共文化活动的常态化及日常化，而借助民间文化服务组织的力量则可以实现向常规化的转型。加快建立健全民间组织的管理机制，按照"分层级管理、属地管理"的原则，加强民间组织管理机制的创新。在实际的探索过程中，应该加快利用当地文化能人来加强民间文化服务组织的培育与发展，通过文化社团、协会的组织机制来聚集人气，促进基层公共文化服务的组织化。在区域上要注意城乡统筹，并适度向农村倾斜，为民间文化服务组织提供政策支撑。遵照公共文化服务公益性、基本性、均等性、便利性的要求，针对农村基层公共文化建设相对落后的情况，把民间组织培育的重心向乡镇（街道）、村（社区）倾斜，加强城乡统筹力度，有效地促进公共文化服务的均等化，形成普惠性的公共文化服务新格局。针对民间文化服务组织的发展特征，需要探索科学有效的培育方式，特别是在村（社区）综合性文化服务中心建设过程中，要充分依托综合性文化服务中心这一载体，加快建立民间组织发展的"馆团模式"：即将民间文化组织挂靠到公共文化机构（特别是文化馆、文化站、综合文化服务中心等），公共文化机构通过为

第六章 积极引导和鼓励社会力量
参与公共文化服务

民间文化组织提供场地设施等对民间文化组织进行整合，让民间文化组织参与基层综合性文化服务中心的日常管理与运营，减轻公办文化机构的压力，通过双方合作来实现政府公办文化机构与民间文化组织双赢的局面。

三、提升社会力量参与公共文化服务的专业性

文化人才是文化类社会组织发展的第一资源，加强人员业务及素质的培训对文化事业队伍的建设起着关键作用，培养优秀文化人才是文化事业建设的基础性工作。《公共文化服务保障法》第四十三条规定，"国家倡导和鼓励公民、法人和其他组织参与文化志愿服务。公共文化设施管理单位应当建立文化志愿服务机制，组织开展文化志愿服务活动。县级以上地方人民政府有关部门应当对文化志愿活动给予必要的指导和支持，并建立管理评价、教育培训和激励保障机制。"由于目前我国尚没有一套科学合理的文化志愿服务培训体系，文化志愿服务者的培训往往具有临时性及无效化的倾向，而文化志愿服务者的业务水平及服务意愿直接关系到文化志愿服务的发展水平。因此，首先，基层政府需要加快制定一套具有针对性、专业性、系统性的培训体系，采取多种培训方式提高文化志愿者的综合素质和业务水平，以确保文化志愿服务工作的顺利有效开展。具体而言，需要分门别类地制订文化志愿服务者培训方案，加快建立各级公共文化服务人才库，针对专家型、专业型、特长型、爱好型等不同类型的文化志愿者及服务形式，采取不同的服务培训体系。其次，加快文化志愿服务的理论与实践研究，建立适合我国国情的文化志愿服务理论；加快文化志愿服务技术的研发，特别是在服务技术层面，可以引入现代开放空间技术及协商理念，切实提升文化志愿服务的效能。再次，坚持培训内容贴近实际。根据各地的实际及文化专业服务的不同形式，加强文化志愿服务的"可及性"，探索定期举办专业知识培训，以座谈会、文化讲堂、文艺调演等多种形式，为文化志愿者之间的文化交流互动提供平台。通过加强文化志愿者队伍，切实以业务培训为抓手，将培训作为提升文化志愿者能力素质的"孵化器"，提升文化志愿者的业务素质，为文化志愿者提升自我搭建平台，促进文化志愿服务的蓬勃发展。

例如，深圳市便致力打造"志愿者之城"，构建了政府主导、激励保障、人人可为的文化志愿服务体系，让文化志愿服务触手可及，通过组织建设、制度规范、科技支撑等一系列配套措施，促进志愿文化服务体系建设。在组织建设层面，组建成立深圳市文化志愿服务总队，统筹管理全市文化志愿服务资源，进一步积极引导、规范发展文化志愿服务，在全市构建市、区、街道、社区四级，覆盖全市的文化志愿服务网络体系；制度建设方面，先后出台《关于实施和规范文化义工服务工作的指导意见》《深圳市推进文化志愿服务工作方案》《深圳市文化志愿服务促进办法》等系列文件，明确了全市文化志愿服务的组织架构、工作机制、工作要求、促进措施、激励保障机制等，对全市文化志愿服务开展起到重要的指导促进作用；同时，利用科技平台的作用为志愿

者管理和交流提供便利，打造集注册申请、项目发布、志愿者招募、风采展示、活动交流等多项功能为一体的文化志愿服务平台——深圳文化志愿服务网和"深圳文化志愿"微信公众号，促进全市志愿服务队和志愿者之间的交流管理。制度引领、组织保障、科技平台多管齐下使得深圳市以志愿组织为代表的公益性社会组织逐步发展壮大，为打造社会和谐稳定、丰富公共文化服务供给的坚实基础，贡献了重要的第三方力量。

总之，在社会力量的培育过程中，政府的主要职能应该放在相对宏观层面的规划、协调、监管等事项方面，通过让渡相应的生长空间、给予政策和资金支持，充分调动社会力量参与公共文化服务体系建设，重点培育公益性文化类社会组织、民间文化服务组织及文化志愿者，为社会力量的培育及发展提供良好的社会环境，进而提升社会力量参与公共文化服务的积极性。

第二节　完善社会力量参与公共文化服务的政策与法规

公共文化服务法制化建设，是公共文化服务体系建设的内在动力。但当前无论在国家层面还是在地方层面，社会力量参与公共文化服务都存在相关政策法律法规欠缺的问题，这日益成为制约我国现代公共文化服务体系建设及公共文化服务社会化发展的一大因素。为此，需要在不断完善社会力量参与公共文化服务的政策与法规的同时，建立健全中央与地方多元分层的立法体系，加强相关政策法规的执行力度，提升社会力量参与公共文化服务的法制化程度。

一、加快完善社会力量参与公共文化服务的相关法律法规

目前我国相关的法律法规中，社会力量参与公共文化服务的政策法规不足，同时这些政策法规对社会力量的培育和发展限制过多，进而限制了社会力量参与公共文化服务的广度及深度，因此，政府支持、鼓励和引导社会力量参与公共文化服务的政策法规有待修订。特别是我国目前还没有一部关于非营利社会组织的基本法规，只有相关的行政管理条例或文件，这些现行的管理条例对于非营利组织设立、登记与管理仍然有诸多限制，对于非营利组织发展缺乏应有的政策支持。针对这种现状，政府应该加强社会组织的立法工作，完善相关制度规定和配套措施，让社会组织的发展和活动有法可依，保障社会组织的合法权益，同时采取措施禁止或限制非营利组织的商业行为，保持其非营利性，以预防腐败或者违法行为的发生。作为我国公共文化服务体系建设的"规划者"及"指导者"，政府需要重点加强公共文化服务基本法律法规的制定。在公共文化服务的政策法规层面，《公共文化服务保障法》的出台，标志着我国公共文化服务领域有了基本法；文化部等五部门也制定了《关于做好政府向社会力量购买公共文化服务工作意见的通知》。尽管国家层面对社会力量参与公共文化服务体系建设重视

程度不断增强，从 2003 年允许社会资本进入公益性文化事业到 2007 年将社会力量参与写入公共文化服务建设的指导思想再到 2016 年《公共文化服务保障法》明确其合法性，但至今仍然没有出台专门针对社会力量参与公共文化服务体系建设的政策文件、实施办法或者条例，致使社会力量参与公共文化建设缺乏集体行动的细则。① 在许多公共文化服务的专门领域，存在着政策法规不足的状态，这严重束缚了社会力量参与公共文化服务体系的建设，《公共文化服务保障法》出台以后，从法律层面明确了社会力量参与公共文化服务的合法性，但由于宏观层面对于社会力量参与公共文化服务专门性政策文件的缺失，同时相关政策保障体系的不完善，导致了社会力量在参与公共文化服务体系建设过程中的困境。为此，有必要在中央层面，加快公共文化服务社会化相关法律法规的制定，弥补当前社会力量参与公共文化服务法律法规不足的困境。

完善的政策法律体系是社会力量参与公共文化服务常态化发展的基础。因此，加强社会力量参与公共文化服务体系相关政策法律体系的制定，对于引导及鼓励社会力量参与公共文化服务具有十分重要的意义。就当前来说，急需加强制定以下政策法规：一是加快出台社会力量参与公共文化服务体系的专门性政策文件，从政策设计层面系统化地提出社会力量参与公共文化服务体制机制及总体框架；二是加快出台社会组织管理条例，从政策法律层面保障民间文化机构在参与公共文化服务体系建设过程中与公办文化服务机构享受同等的身份地位；三是加紧出台对于社会力量参与主体性的界定，进一步扩大社会力量参与公共文化服务体系的制度空间，探索多元化的参与路径。特别是在社会组织管理层面，需要改革现行的非营利组织"登记管理机关"和"业务主管单位"的双重审核、负责与管理制度，建议对民间非营利文化单位的登记管理进行专项立法，以简化政策程序和提高管理效率；同时健全社会力量的文化捐赠和赞助的相关立法，明确社会捐赠的公益性性质，以法律形式明确捐赠人或捐赠单位可享受的政策优惠。同时，加快制定社会力量参与公共文化服务的财务管理制度，规范社会力量可以获得的资金、支出、优惠、管理与运行等程序，保障公共文化服务经费的合法、合理与有效使用，为社会力量参与公共文化服务提供基本法律支撑，不断提升公共文化服务社会的制度动力。

二、提升相关法律法规的执行力度

"法律必须被信仰，否则它将形同虚设。"公共文化服务法制化的程度，除了需要不断完善相关法律法规外，还需要加强相关法律法规的执行。在《中华人民共和国公共文化服务保障法》的基础上，各级政府必须加强对于公共文化服务法律法规的宣传与落实，提升公办公共文化服务机构及社会主体的法制意识，让政府在法律范围内加强对

① 陈庚、崔宛：《社会力量参与公共文化服务的实践、困境及因应策略》，载《学习与实践》，2017(11)。

于社会力量的监督与考核，同时让社会力量根据相关法律法规约束自我行为，进而提升社会力量参与公共文化服务的法制化程度。省级政府在公共文化服务体系建设中主要发挥"协调监督"作用，需要加快制定相关职能部门及单位的法规条例建设，并承担公共文化服务法律法规的执行及监督职能。而市县两级政府作为公共文化服务体系建设的"直接实践者"，需要在上级政府相关法律法规的基础上，制定相应的条例或者实施方案，特别是各地可以结合本地的实际情况，制定社会力量参与公共文化服务的基本标准，同时保障相关法律法规在实践过程中得到有效执行，进而推动公共文化服务社会化的发展。通过提升公共文化服务法律法规的执行力度，让各类社会力量按照相关规定及条件，自愿参与公共文化服务，保证符合条件的各类参与主体地位平等，并使其在享有相对应的权利的同时，积极履行规定的义务，进而实现政府与社会的共赢。

第三节　建构社会力量参与公共文化服务的长效机制

为有效引导社会力量参与公共文化服务，需要建构社会力量参与公共文化服务的长效机制，通过在政策层面构建弹性化的物质及精神激励体系，建立社会化的基金及探索科学化的考核机制，加强社会力量参与公共文化服务的激励机制建设，切实激发社会力量参与公共文化服务的动力。

一、建立健全社会力量参与公共文化服务的激励机制

构建有效的激励机制，是保障社会力量参与公共服务的长效化的基础。在引导和鼓励社会力量参与公共文化服务体系建设的过程中，需要十分注重激励机制的建设。特别是在文化志愿服务领域，可以针对不同阶层的文化志愿者，采取相应的激励措施，进而激发文化服务的内在动力。积极探索及运用多种形式，将物质激励与精神激励有效结合，为推进志愿者队伍建设打好坚实基础。可以按照"财政拨一点，单位出一点，社会捐一点"的筹集方法，设立文化志愿者活动专项基金，创建志愿者激励机制。在组织开展文化志愿活动的过程中，要充分满足志愿者的需求，使得志愿者有持续的参与动力，切实做好志愿者培训、服务记录、评定等工作，让文化志愿者在志愿服务中能够有效实现自我价值。鼓励社会机构、企事业单位、热心人士的捐助，探索社会力量参与文化志愿服务多样化路径，确保文化志愿服务活动的长期开展。在当前文化志愿服务的实践中，老年人作为文化志愿服务的主体，需要在物质及精神奖励层面，激发老年人参与文化志愿服务的积极性，加强老年文化志愿服务组织的建设，注重发挥老年文化志愿者在文化志愿服务中的示范效应，增强全社会的文化志愿服务意识。同时，要充分依托大中专院校的优势，激发大中专院校学生参与文化志愿服务的积极性，学校要将志愿者活动与大学生的成长和就业挂钩，以一定的奖励制度体现学校对学生参

与志愿活动的鼓励和支持，在就业、升学方面设立对文化志愿服务的专项考核制度等。通过激励机制的建设，将业余志愿者与专业志愿者结合，把具有一技之长、热心文化公益事业、甘于奉献的人纳入文化志愿者人才库，逐步建成数量充足、经验丰富、素质优良、结构合理的文化志愿者队伍，为志愿服务营造浓厚的社会氛围。同时，要更新理念，形成文化志愿服务的良性互动，文化志愿服务并不等于完全免费，要为文化志愿服务提供必要的经费保障，切实关注志愿者的利益，真正让"受益者成为志愿者，志愿者成为受益者"。总之，在加强激励机制建设的过程中，需要通过各种形式和渠道，加强社会力量在参与公共文化服务过程中权益保障机制的建设，进一步完善社会力量利益表达、分配等机制，进而激发各种社会力量参与公共文化服务的积极性。

二、保障社会力量参与公共文化服务的实效性

社会力量参与公共文化服务的实效性，是指社会力量参与公共文化服务的形式及效能。社会力量只有在实质上参与到公共文化服务体系建设领域，社会力量参与公共文化服务才能取得相应的效能。在内容层面来说，它主要体现为社会力量全面参与到公共文化服务的各个领域，在形式则是指社会力量参与公共文化服务的方式，而内容及方式的衡量指标则主要体现为社会力量参与公共文化服务的效能。着眼于社会力量参与公共文化服务的效能，则需要从内容及形式上进行不断优化。在内容层面，需要不断扩大社会力量参与公共文化服务的领域，让社会力量充分发挥自我优势，建构社会力量参与公共文化服务的多元体系。在形式层面，则要求不断优化社会力量参与公共文化服务的形式。党的十九届三中全会提出："推动教育、文化、法律、卫生、体育、健康、养老等公共服务提供主体多元化、提供方式多样化。推进非基本公共服务市场化改革，引入竞争机制，扩大购买服务。"在引导社会力量参与公共文化服务体系建设的过程中，在政府财政购买、税收扶持等层面，完善政府采购公共文化服务招标制度，确保政府购买公共文化服务的公开公正，为社会力量参与公共服务提供平台。在具体运作层面，可以设立公共文化服务社会基金，加快制定基金运行标准的相关条例，推动建立健全公开透明的社会捐赠管理制度；通过委托及项目招标的形式完善政府购买公共服务，延伸社会力量参与公共文化服务体系的链条。

三、保障社会力量参与公共文化服务的公益性导向

公益性作为公共文化服务体系的基本属性。社会力量参与公共文化服务的过程中，需要始终坚持公益性导向，这样才能建构社会力量参与公共文化服务的长效机制。所谓公益原则，是针对公共文化服务基础而言的，公益即公共利益，公益性是公共文化服务的本质属性，公共文化服务提供的是公益性极强的公共物品，公共文化服务追求的是公共利益的最大化。公共文化服务项目建设的出发点、依据和最终目的是满足人民群众的公共文化需求，公益性使得公共文化服务具有社会公有、社会共享、社会公

用等公益性事业的一般特征，遵循公益性原则构建公共文化服务体系，是政府在文化服务上弥补市场缺失的应有举措。在社会主义市场经济条件下，按照公共文化服务的公益性原则，社会力量在参与公共文化服务的过程中，不能将市场原则主导下营利作为主要参与动机，而应该在参与过程中主动承担相应的社会责任，保障公共文化服务的价值属性。通过公益性的价值导向，形成一个兼具自律与他律、自觉与强制内在统一的社会力量参与我国公共文化服务体系建设的长效机制系统，才能真正激发和调动广大的社会力量积极投入公共文化服务体系建设，建构社会力量参与公共服务的长效机制。

第四节　加强对社会力量的引导与监管

公共文化服务社会化的长效发展，离不开对于社会力量的引导及监督，在相关法律法规的框架内，加强对社会力量的引导与监管。总体来看，需要通过公共文化服务领域的供给侧改革，切实加强对社会力量的赋权增能及加强对于社会力量的监督与考核机制建设，推进公共文化服务事业单位分类管理，推进政事分开和基层公办文化服务机构的去行政化改革，进而实现社会化供给主体在竞争之中快速成长。

一、加强对社会力量赋权增能

在公共文化服务供给侧改革的时代背景下，政府要尽快实现角色转换，积极扮演公共文化服务供给的统筹规划者、服务提供者和监督协调者，发挥好制度供给和财政供给两大职能。长期以来，我国公共文化服务主要由国家及事业单位经办，提供主体和提供方式单一，公共文化服务供给不足、效率不高，不能很好地满足人民群众日益增长的文化需求，这就要求政府有效强化在文化领域的公共服务职责，转变职能、强化服务、改进管理、提高效能，尽快从大量的不该管、管不好、管起来成本很高的事务中解脱出来，把工作重点放在加强公共文化服务体系建设规划和标准制定、加强重大公共文化服务工程和项目实施情况监督检查等方面。同时，也要求政府改变过去统包统揽的模式，充分调动各种社会力量积极参与公共文化服务的供给，实现公共文化服务提供主体和提供方式多样化，形成政府主导、社会参与、多元投入、协力发展的新格局，提升公共文化服务供给能力和水平。由于在公共文化服务领域，公办文化服务机构占据着公共文化服务的垄断地位，社会力量参与公共服务的过程面临着许多障碍，在进入门槛层面，社会力量面临着"铁门""玻璃门"及"弹簧门"等多重门槛的限制。[①] 由于法律制度的不健全及政府对社会组织的支持力度不足，导致在某些领域政府

---

①　杨宜勇、邢伟：《公共服务体系的供给侧改革研究》，载《人民论坛·学术前沿》，2016(5)。

以外的公共文化服务供给主体的合法权益得不到有效保护，严重影响了公共文化服务社会化供给主体的培育和发展。社会力量进入公共文化服务领域的"三重陷阱"，无形中为社会力量的进入设置了屏障，民间服务机构尚未取得平等的发展环境。为此，需要通过"放管服"改革来加强对于社会力量的赋权增能。政府在其职责范围内切实履职，同时给予市场和社会主体足够的空间和平等的机会参与公共文化服务事业建设，以此来实现资源的优化配置，拓宽公共文化服务的服务范围，提高服务能力和服务水平不断丰富完善服务的内容，进而促进社会的和谐进步。

从我国政府行政管理体制改革的历史经验及未来趋势来看，政府职能转变主要存在两个维度：一是政府职能重心的调整，如弱化经济发展职能，强化公共服务职能；二是政府职能的转移，即将政府部分职能转移给社会化主体承担，体现在改革文化服务领域，就是公共文化服务的社会化，社会化并非取消政府的地位与作用，而是改变服务供给主体的单一化，形成一种"多元互补共供"结构。[①] 社会力量特别是民间组织作为承担公共文化服务供给的重要载体，在公共文化服务体系建设过程中占据重要地位，需要加快文化管理体制的改革，给予社会力量参与公共文化服务响应的权利。在现有的探索中，宁波市鄞州区根据"文化站主导，民间组织运作，社会各界参与"的原则，明确文化志愿者管理归口单位为各公益性文化场馆，由其负责招募和管理，定期自主安排或委托组织场馆下属文化志愿者开展业务培训活动，各镇乡（街道）文化站对文化志愿者队伍建设负有督导责任，重点对文化志愿者的招募程序、培训活动和档案管理等工作进行规范，初步建立起"招募有程序、培训有计划、义工有档案、服务有分类、人员有保障"的文化志愿者"五有"工作机制，即通过严格审核认证、定期业务培训、动态档案管理、细化分类服务、保障义工权益五个环节，加强对社会力量的赋权增能，进而提升社会力量特别是文化志愿者参与公共文化服务的内在动力。

在当前文化部门与旅游部门合并的契机下，各级政府需要进一步理顺自我职能，加快基层文化管理体制的变革：一方面，应该加快给予社会主体与公办公共文化服务机构同等的身份待遇，在法律的框架内，进一步简化社会文化组织的建立程序，为社会组织的发展提供良好的环境；另一方面，政府应该进一步理顺自我职能，将一些公办公共文化服务机构管不好、不该管及不能管的事务转让给民间文化组织，赋予民间文化组织相应的服务职能，通过政府购买等形式，切实提升公共文化服务的效能，同时也不断拓宽民间文化组织的生存空间。

二、加强对社会力量科学监管

建立科学规范的监督评价机制，是推动公共文化服务社会化的重要机制。社会力量参与公共文化服务的长效发展，除了给予社会力量相应的服务职能之外，还需要加

---

① 杨立青：《论公共文化服务的社会化》，载《云南社会科学》，2014(6)。

强对于社会力量的监督与考核机制建设，规范社会力量参与公共文化服务的外在空间，建构有序、健康发展的社会环境。

加强对社会力量的考核机制建设。政府应通过相应的法规、政策，建立社会力量参与公共文化服务的考核机制。在政府主导的前提下，完善对社会力量考核机制建设，加强对社会力量供给的服务的评估工作。比如在文化志愿服务领域，应该加快制定科学规范的量化评价标准和考评办法，推行"小时制"志愿服务认证制度，以完成志愿服务的小时数作为考核注册志愿者的基本标准，积极倡导文化志愿者每年至少参加50小时志愿服务，认真做好文化志愿者活动的内容、时间、成效等记载工作，并由服务对象或社区文化志愿者服务小队确认后反馈给志愿者本人，作为对文化志愿者考核的依据，对于考核合格的志愿者，通过"文化惠民卡"或者发放荣誉证书等形式，激发文化志愿者的积极性。

同时，由于缺乏对社会组织的第三方监督与评估机制，导致一些不具有参与资格的社会主体进入公共文化服务领域，参与主体之间缺乏竞争，公益性与自利性的矛盾等问题较为突出，以至于少数非营利组织和其他社会组织效率低下，财务状况混乱，极个别组织甚至存在严重的贪污腐败行为。当前在对于社会力量的引导与监管的过程中，除了法律体系不完善之外，相关政策法规在执行过程中没有得到有效执行，许多监管性文件仅仅是处于"文件"的状态，社会力量监管存在着很大问题。为此，需要加强对于相关法律法规的执行力度，杜绝有法不依的现象。在实践探索过程中，县级以上人民政府应当建立健全政府购买公共文化服务资金使用的监督和统计公告制度，加强绩效考评，确保资金用于公共文化服务。同时，加强对公共文化服务工作的监督检查，建立反映公众文化需求的征询反馈制度和有公众参与的公共文化服务考核评价制度，并将考核评价结果作为确定补贴或者奖励的依据。审计机关应当依法加强对公共文化服务资金的审计监督，特别是对于参与公共文化服务体系建设的民间非营利组织，需要加强审计监督，确保民间非营利组织参与公共文化服务体系建设的有序发展。

总之，通过积极探索建立"政府管理、社会主导"的多元化评估体系与评估方法，政府主要负责制订评估规则、规范评估程序，具体评估过程交由专家学者、公众代表等组成的第三方社会机构完成。强化各级政府部门对相关社会事业部门的监督，特别是加强各级人大、政协的有效监督；同时建立常态化、制度化的以专家学者、服务群众代表为主体的第三方评估机制，保证服务评价体系的公平性。通过进行总体性的宏观评估以及360度的微观评估，形成"制定—执行—评估—反馈"的全方位的绩效评估机制，通过全方位的考核来推动社会力量提升自我，推动公共文化服务社会化的提档升级。

第五节　迈向政府有效主导、社会力量
积极参与的现代公共文化服务体制

现代公共文化服务体系的构建，政府、市场与社会三者缺一不可，忽视了任何一方的作用，都不利于公共文化服务社会化的长远发展。在现代公共文化服务体系建设的视野下，公共文化服务体系的建设最终应形成政府主导，个人、社区、营利组织、非营利组织等社会各种力量共同参与、协商对话、"交互理性"的制度框架，从而达到有效满足群众公共文化需求的目的。[①] 为有效加快公共文化服务社会化的发展，需要加快公共文化服务的供给侧改革，在现代文化治理理念的基础上，建立健全政府有效主导、社会力量积极参与的现代公共文化服务体制，使社会力量更加壮大，从事公共文化建设的领域更加宽泛，并逐步推动公共文化供给体系由文化事业单位内循环到全社会大循环的转变，从而开创公共文化服务体系建设的新局面。

一、坚持政府主导下的社会力量参与公共文化服务体系建设

加快公共文化服务的社会化发展，并不意味着公办公共文化服务机构完全退出公共文化服务领域，相反，政府还更应该积极履行政府的责任。在市场主体追求市场利润的天性影响下，公共文化服务体系建设和公共文化服务社会化的过程中可能会出现市场失灵的现象，社会力量参与公共文化服务过程中必须时刻坚持政府主导原则。"坚持政府主导"是《关于加快构建现代公共文化服务体系的意见》明确提出的基本原则之一。为保障公共文化服务社会化不偏离公平、公益性的价值导向，政府需要对公共文化服务社会化的过程进行"无缝隙监管"。同时，政府主导并不等于政府包办，而是强调政府、市场及社会三者之间的合作分工。《公共文化服务保障法》第四条规定"县级以上人民政府应当将公共文化服务纳入本级国民经济和社会发展规划"，合理确定公共文化设施的种类、数量、规模以及布局，形成场馆服务、流动服务和数字服务相结合的公共文化设施网络。同时，明确规定了政府在公共文化设施建设以及公共文化服务组织、管理、提供、保障中的职责。政府在保证公共文化服务体系公益性及价值性导向的基础上，主动承担公共文化服务的基本职责，同时让各个社会主体之间充分发挥自我优势，明确公共文化服务的基本价值理念，进而推动公共文化服务体系建设的长效发展。

---

① 阮可：《公共文化服务的社会力量参与研究》，载《文化艺术研究》，2013(3)。

二、拓宽社会力量参与公共文化服务体系建设的领域

在我国传统文化管理思维的影响下，政府作为公共文化服务的唯一生产者、提供者，公共文化服务资源很大程度地集中在公办公共文化服务机构，这种单向度的文化管理思维，导致了公共文化服务需求与供给不均衡、公共文化服务产品供给效率低下等问题。鼓励和引导社会力量同政府、公共部门等主体一起参与公共文化服务，可以形成多元主体紧密合作的服务网络，体现了现代文化治理的理念和要求。[①] 为有效加快构建多元合作的治理体系，需要不断拓宽社会力量参与公共文化服务体系建设的领域，以多元社会力量的成长来提升公共文化服务的治理功能及社会力量参与公共文化服务的能力。通过加快基层文化体制改革，充分整合各种文化资源，有效调动及凝聚各种力量参与公共文化服务，充分调动社会各方面参与公共文化服务的积极性，更好地激发全社会文化创造的活力。

在政策制定层面，国家应该积极鼓励社会资本依法投入公共文化服务领域，拓宽公共文化服务资金来源渠道。国家可以通过政府购买公共服务或者税费减免等措施，支持人民、法人和其他组织参与提供公共文化服务。比如陕西渭南等地区在剧团进行市场化改革的初期，为有效激发剧团的内在活力，通过探索"一元剧场"的治理体系：对剧团的演出以财政补贴的形式进行购买，然后剧场以象征性"一元"的形式进行对外售票，实现了政府、剧团、企业、观众多方共赢的格局，进而激发了社会力量的活力，同时也培育了文化消费市场。各地也应该根据本地的实际情况，不断加快公共文化服务社会化路径的探索，让社会力量在法律规定的范围内，不断拓宽社会力量参与公共文化服务体系建设的领域。在相关法律法规的框架之下，适当降低民间组织参与公共文化服务的准入门槛，逐步扩大公益性文化活动社会化运作的范围，政府可按照"谁投资、谁受益"的原则，鼓励支持社会力量以企业出资兴办实体、赞助或冠名承办活动等多种形式，参与公益性文化项目建设，以提高公共文化服务的运作效率和专业化水平，还要积极扶持民办公益性文化组织的发展，培育特色文化载体和文化样式，推进文艺惠民服务品牌化、常态化、制度化，促进公共文化服务方式的多元化、社会化。

三、深化政府与社会在公共文化服务体系建设领域合作的机制

社会力量参与公共文化服务体系建设，是国家现代文化治理体系建构的重要体现。为深化政府与社会在公共文化服务体系建设领域合作的机制，需要完善"政府主导与市场化运作相结合"的公私合作型文化供给模式，构建政府与社会合作共治的文化治理机制。

---

① 吴理财、贾晓芬、刘磊：《以文化治理理念引导社会力量参与公共文化服务》，载《江西师范大学学报(哲学社会科学版)》，2015(6)。

在推动政府由办文化向管文化转变的过程中，可借鉴西方国家以及我国部分地区的先进经验，积极探索公共文化招投标制、公共文化托管制等市场化运作方式，引导企业、社会组织、个人与政府及事业单位建立合作关系，介入某些服务环节、共同提供公共文化服务，或独立提供可市场化的文化服务，通过市场机制的参与提高资源配置效率。[①] 从具体路径方面来说，可以在公共文化服务产品政府采购中，引入资格认定和公平、公开、公正的竞争机制，给予民营企业与国有企业同等待遇，推进公共文化服务的社会化和市场化。采取民办公助、公建民营、购买服务、项目资助、活动补贴、以奖代扶等形式，引导、鼓励、支持以股份制、民营等形式兴办的公益影片放映、娱乐、会展、中介服务等文化企业，参与生产公共文化产品。坚持竞争导向、普遍购买、多元供给等原则，加快完善政府购买公共文化服务的相关政策，在制度层面为社会力量参与公共文化服务提供公平的政策环境。通过引入多元化的竞争机制，改革国有事业单位内部治理结构，明确购买主体、购买内容及目录及承接主体的资质要求。为实现公共文化服务事业的普遍购买和多元供给，必须建立公共文化服务事业的服务标准体系，并在实践中不断完善，最终逐步实现公共文化服务事业的标准随经济发展水平提高的合理联动，建立健全社会力量参与公共文化服务的多元机制。

国家鼓励通过捐赠等方式设立公共文化服务基金，专门用于公共文化服务。个人、法人和其他组织通过公益性社会团体或者县级以上人民政府及其部门，捐赠财产用于公共文化服务的，依法享受税收优惠。为了弥补公共服务资金不足的局面，可以逐步试点探索福利彩票发行的方式凑集公共文化服务资金，扩大公共文化服务资金来源。同时，应该加快探索政府与社会在公共文化服务体系建设中合作的多元形式，推动公共文化服务社会化向更深的领域发展。政府既可采取政府担保、公益采购、项目资助、税费优惠等政策，也可大胆尝试新兴的融资平台和工具，通过发行文化彩票、完善社会捐赠制度、设立文化建设专项基金等吸纳社会资金，实现投入的多元化。加快PPP模式在公共文化服务领域的运用及推广，吸引社会资本参与公共文化服务设施的建设，鼓励各地积极探索公共文化服务设施社会化运营，充分发挥示范项目引领作用，逐步建立省、市、县三级公共文化服务PPP示范基地及示范项目。在制度供给层面，加快规范市场准入、合理引入竞争机制，充分发挥市场在资源配置中的决定性作用、促进创新和公平竞争，增加公共产品供给、提高服务质量和运营效率，增加公共文化服务的社会效益，深化政府与社会在公共文化服务体系建设领域合作的机制。

总之，通过公共文化服务的供给侧改革，为市场和社会主体创造平等竞争环境和提供更好的服务，利用市场和社会机制完善资源配置，形成政府购买、市场和社会相互合作的公共文化服务产品供给机制，构建多元化、社会化的公共文化服务供给体系。

---

① 荆晓燕、赵立波：《社会力量参与公共文化服务体系建设研究》，载《中共福建省委党校学报》，2015(5)。

附录　社会力量参与公共文化服务研究报告

　　引导和鼓励社会力量参与公共文化服务，推动公共文化服务社会化发展，是加快构建现代公共文化服务体系的内在要求。长期以来，我国公共文化服务主要由各级政府及其事业单位提供，不但公共文化服务的提供主体和提供方式单一，公共文化服务供给不足、效率不高，不能满足人民群众日益增长的文化需求，而且在这种"政府出钱办，群众围着看"的传统公共文化服务模式中，人民群众只是消极被动的享受者，不能激发公共文化服务的社会活力和创造力，也从一定程度上限制了公共文化服务效能的提升。现代公共文化服务与传统公共文化服务的一个重要分野在于，政府及其事业单位不再是公共文化服务的单一提供主体。现在，有各种各样的工具可供政府选择——贷款、贷款担保、政府资助、合同、社会性规制、经济性规制、保险、税收优惠、代金券，等等。其中每种工具都有一套独特的操作程序、技能要求和提供机制，有它自己的"政治经济学"。"这些广泛应用的新工具有一个共同特征：它们的运作具有间接性，表现为由公共部门投资及授权的政策项目在执行中通常广泛地纳入各种'第三方'组织。"[①]在现代公共文化服务中，各种参与的社会力量就属于这样的"第三方"组织。

　　引导和鼓励社会力量参与公共文化服务，既有利于转变政府文化行政职能，创新公共文化服务运行机制；又有利于充分调动社会各方面积极性，激发社会文化活力和创造力，实现公共文化服务提供主体和提供方式多样化，形成政府主导、社会参与、多元投入、协力发展的新格局，提高公共文化服务质量和效能，为人民群众提供更多更好的文化产品和文化服务。

一、公共文化服务中的社会力量

　　在公共文化服务中，参与的社会力量一般是指政府及其设立的文化事业机构以外的组织和个人，具体而言，它包括企业、社会组织、社区（社区组织）、个人。

---

　　① ［美］莱斯特·M. 萨拉蒙：《新政府治理与公共行为的工具：对中国的启示》，载《中国行政管理》，2009(11)。

(一)企业

企业是一种营利性组织,它通过生产和出售商品达到营利的目的。尽管如此,它却是公共文化服务不可忽视的补充力量。首先,它生产和出售的商品也包括一部分公共文化产品或公共文化服务,这些公共文化产品或公共文化服务通过市场提供给消费者,主要是满足民众个性化、多样化或高层次文化需求。其次,在许多国家,公共文化服务往往是由政府向企业购买后免费或低费向民众提供,以弥补政府及其附属机构直接提供公共文化服务所衍生的缺乏弹性、效率低下以及公共文化服务产品单一等不足。最后,企业还通过投资、资助、捐助公益性文化服务(产品)或者兴办文化实体(譬如民办博物馆、艺术馆、私人图书馆、文化公司等),获取声誉、树立形象、行销品牌乃至直接从中营利。

(二)社会组织

社会组织一般是非营利组织(NPO)①。它通常具有以下这些特征:①组织性,这些机构都有一定的制度和结构;②民间性,这些机构相对于政府和私人企业具有独立性;③非营利性,这些机构不以营利为目的,不向他们的"所有者"和经营者提供利润;④自治性,这些机构基本上是独立处理各自的事务;⑤志愿性,这些机构的成员不是

---

① 也有学者将社会组织与政府组织相对应,称之为非政府组织(NGO)、民间组织;或者强调社会组织相对于政府和私人企业的独立性,而称之为"第三部门"(Third Sector);或者强调其志愿性,称之为"志愿者组织""免税组织"等。这些社会组织之所以有其存在的价值,有的学者是从政府失灵、市场(合约)失灵的角度加以论述的,有的学者则从政府、市场与社会合作或互赖的角度加以论述的。譬如,美国经济学家伯顿·韦斯布罗德(Burton A. Weisbrod)提出政府失灵理论,他认为政府、市场和非营利部门都是满足个人需求的手段,这三者在满足个人的需求方面存在相互替代性。非营利部门存在的主要原因,是政府和市场在提供公共物品方面的局限性,导致了对非营利部门的功能性需求(Ralph M. Kramer et al., *Privatization in Four European Countries: Comparative Studies in government third sector relationships*, New York, M. E. Sharpe, 1993)。

美国法律经济学家亨利·汉斯曼(Henry B. Hansmann)则从营利性组织的局限性入手,发现营利性组织因其自身利润最大化而阻碍消费者与生产者在产品和服务的质量上信息对称,消费者无法准确判断厂商承诺提供的商品或服务,以致他们往往不能达成最优契约,即使契约达成也很难实施契约。这也就说,在市场可能出现"合约失灵"时,非营利组织就有了存在的制度需求,它对生产者的机会主义行为构成另一种有力的制度约束(Henry B. Hansmann, "The Role of Nonprofit Enterprise," in *Yale Law Journal*, 1980(5), pp. 835-901)。

美国公共政策学者、非营利组织研究专家赛拉蒙(Lester M. Salamon)认为政府失灵、合约失灵必须依靠第三方进行辅助与弥补,第三方组织享有与政府同等的公共基金支出和权威。同时,他又提出志愿失灵理论来说明非营利部门的缺陷,进而论证了政府支持志愿部门的必要性。政府与非营利组织建立起合作关系,既可以保持较小的政府规模,又能够较好地完成福利提供的责任(L. M. Salamon, "Rethinking Public Management: Third-Party Government and the Changing Forms of Government Action," in *Public Policy*, 1981(3), pp. 255-275)。

法律要求组成的，这些机构接受一定程度的时间和资金的自愿捐献[①]；⑥公益性，服务于某些公共目的或为公众奉献[②]。在我国，社会组织一般包括社会团体、行业协会（学会）、民办非企业单位、基金会等。

在许多发达国家，公共文化服务和公共文化产品主要是由这些非营利的社会组织提供的。这种公共文化服务模式被西方学者称为"便利提供者模式"[③]，以美国、加拿大、德国、瑞士等为典型代表。在这种模式中，非政府组织或非营利机构是公共文化服务的中坚力量[④]，政府扮演"提供便利者"角色，不直接经营文化事业或文化设施，而是培育、支持民间的非营利艺术机构，通过政府直接拨款、鼓励慈善机构、企业和个人捐助等多种形式，对这些机构及个人给予有力支持。政府作用主要体现在通过立法、经济政策、中介机构、民间文化机构间接管理文化事业，通过各种基金会来引导文化事业发展。

从这些国家的经验来看，非营利的文化类社会组织是公共文化服务的重要社会力量。在我国，目前尚缺乏严格意义上的非政府组织，公共文化服务的非政府组织参与力量薄弱，亟待加强，应加快非政府组织的孵化和培育，强化其公共责任机制，使其成为公共文化服务体系主体构成中不可或缺的组成部分。[⑤]

（三）社区和社区组织

社区和社区组织也是公共文化服务中不可忽视的社会力量。由于社区是城乡人民群众的日常生活共同体，社区和社区组织所提供的公共文化服务与城乡人民群众的日常生活、生产紧密相连，因而更加具有日常性、可及性、便利性、可参与性等优势和特点，因此，许多国家和地区都十分注重发挥社区和社区组织在公共文化服务中的积极作用。

（接上页）罗伯特·伍思努（Robert Wuthnow）提出政府、市场、志愿部门相互依赖理论。他认为，在社会与经济活动中，政府、市场和非营利组织之间的界限越来越模糊，活动交叉越来越多，这包括：竞争与合作、各种资源的交换、各种符号的交易等。当不止一个部门的组织提供相似服务的时候，就存在着竞争关系；当集中不同的资源来共同解决社会问题的时候，彼此之间就是合作关系。在政府、市场和志愿部门之间通常还存在着资源交换关系，组织和管理人员、技术、法律保护、公共关系、资金等往往在部门之间相互流动。参见 Robert Wuthnow, "Between states and Markets: the Voluntary Sector in Comparative Perspective," in *Contemporary sociology-A Journal of Reviews*, 1992(5), pp. 691-692.

① ［美］莱斯特·M. 萨拉蒙等：《全球公民社会——非营利部门视界》，贾西津、魏玉等译，3～4页，北京，社会科学文献出版社，2002。

② ［美］莱斯特·塞拉蒙：《非营利领域及其存在的原因》，见李亚平、于海编选：《第三域的兴起——西方志愿工作及志愿组织理论文选》，33～35页，上海，复旦大学出版社，1998。

③ Peter Duelund, The Nordic Culture Model, Copenhagen, Nordic Cultural Institute, 2003, p. 20.

④ 李少惠、余君萍：《西方公共文化服务体系综述及其启示》，载《图书馆理论与实践》，2012(3)。

⑤ 李少惠、余君萍：《西方公共文化服务体系综述及其启示》，载《图书馆理论与实践》，2012(3)。

(四)个体

除了上述组织以外，个体也是参与公共文化服务的一种社会力量。个体不仅是公共文化服务的对象或享受者，而且是公共文化服务的主体或提供者。个体参与公共文化服务有多种形式：一是通过纳税为公共文化服务提供财政保障；二是通过捐资、集资等方式为公共文化服务提供资金支持；三是直接参与公共文化产品的生产和公共文化服务的供给（既包括有偿的劳动，也包括无偿的志愿者活动）；四是通过组织开展公共文化服务活动；五是参与和公共文化服务相关的民主决策、民主管理和民主监督等工作。如果从改进公共文化服务的绩效角度来看，个体表达合理的文化需求也可以视为一种参与公共文化服务的形式。还有一些特殊的个体，他们作为艺术家，本身就是公共文化产品的生产者和供给者；另外一些个体，他们作为专家、学者参与公共文化服务的决策咨询、制度设计、调查研究、监督评估等工作，为公共文化服务提供智力支持。

二、社会力量参与公共文化服务的基本模式

在现代社会，包括公共文化服务在内的"公共问题的解决需要广泛依靠协作关系……因此需要用'政府治理'（governance）代替'政府管理'（government）"[①]。因此，从这个意义上而言，社会力量参与公共文化服务也可被视为一种"文化治理"形式，这种"文化治理指的是为文化发展确定方向的公共部门、私营机构、自愿/非营利团体组成的复杂网络。其中包括来自公共部门、私营企业、非营利团体等各种性质的机构和个人，涵盖文化、经济、社会等各个政策领域，涉及跨国、民族国家、地区、地方等不同地理和行政运作层面。治理也指公民不仅作为投票者和利益集团的成员，而且作为消费者、专业工作者、文化工人、企业家、志愿者以及非营利组织的成员，拥有了更为多样化的渠道影响文化的发展"[②]。在发挥政府主导作用的同时，积极运用市场化和社会化机制鼓励和引导社会力量参与公共文化服务，形成公共文化服务多元主体合作供给的网络。

依据政府与社会力量在这个合作网络中的联结方式以及各自发挥的角色作用，社会力量参与公共文化服务一般可以划分为政策引导型、公私合作型和群众自主型等参与模式。

（一）政策引导型参与模式

政策引导型参与模式是指政府运用各种政策工具，鼓励、促进和引导企业、社会组织、社区和社区组织、个人参与公共文化服务。

---

① ［美］莱斯特·M.萨拉蒙：《新政府治理与公共行为的工具：对中国的启示》，载《中国行政管理》，2009(11)。

② 郭灵凤：《欧盟文化政策与文化治理》，载《欧洲研究》，2007(2)。

引导社会力量参与公共文化服务的政策工具包括制度设计、机制创新、政策制定、财政支持等。譬如，通过"政府采购、公司运作、全民享受"的服务外包运行方式，引导民营企业合理合法、有序地参与公共文化服务；通过"民办政扶""民营政管""民享政补"等制度化政策，扶持文化类社会团体、民办非企业单位和基金会的发展；通过成立文化发展基金会，为公共文化服务基础设施建设和文化活动的开展提供专项资金；通过税收优惠政策和荣誉授予等，引导企业、民间资本和个人无偿捐赠；通过在土地使用、规划建设、费金减免等方面给予一定的政策倾斜，鼓励企业、社会资本、本地名人等投资公共文化服务实体或开展公共文化服务活动；通过资金扶持、登记评估、指导培训、培育精品、搭建平台等方式，培育和扶持基层业余文化团队的发展壮大；通过注册招募、服务记录、定期评估、荣誉激励等，引导有文艺专长的业余骨干和热心公共文化服务的志愿者组建文化义工队伍，开展文艺辅导、组织文化活动、参与文化设施管理，形成一批批活跃于我国城乡基层的文化义工队伍；通过"公益创投"、搭建平台、声誉授予等，鼓励和支持地方艺术家、文化名人、非遗传承人通过展览、展演、传授和培训等方式开展各种公共文化服务活动，等等。

(二)公私合作型参与模式

公私合作型参与模式是指政府借助市场化机制，跟社会力量建立合作关系，共同参与公共文化服务产品的生产和供给活动。

常见的公私合作模式有如下三种：第一，政府采购。政府通过招标或购买的方式，由社会力量直接提供公共文化服务，政府根据其服务绩效埋单；第二，国有民营。按照"所有权和经营权相分离"的原则，把公益性文化设施乃至机构委托给专业公司管理或者民营企业、非营利组织经营，提升其服务效能；第三，国助民办。鼓励社会力量、民间资本积极举办公共文化服务活动、兴建公共文化基础设施或兴办公共文化服务实体，免费或低价向公众开放，政府给予一定的财政补贴或政策优惠。公私合作参与是政府与社会力量的协作互动，可以有效地整合和优化现有的文化资源，充分调动全社会的积极性，激发文化活力，促使政府职能在公共文化服务中得以转变。

(三)群众自主型参与模式

群众自主型参与模式主要是指在有关政府部门的监管下，民间力量自发组织、参与到公共文化服务基础设施建设或公共文化活动等各种实践之中，引导群众在文化建设中自我表现、自我教育、自我服务。

群众自主型参与在我国城乡基层尤其活跃。随着我国城乡居民物质生活水平的提高，人们对于丰富自身的文化生活也越来越重视，他们自发地组织起来，组成各式各样的文化团体(社团)、文化志愿者组织，开展形式多样、内容丰富的群众性文化活动。政府除了必要的引导、监管以外，还要给他们提供相应的场地(空间)、设备、技术和资金等支持。群众自主型参与是民间力量发挥潜在能力的一种路径，可以调动更多的群众自主参与到公共文化服务之中，不但可以培育社会资本和文化资本，而且在实际的公共参与中还能孕育出公共精神。

三、当前我国社会力量参与公共文化服务存在的主要问题

社会力量参与公共文化服务已经成为政府普遍性的政策共识并被付诸实践，但是，由于我国尚处于社会转型时期，政府职能转变不到位，公民社会发育有待成熟，社会力量参与公共文化服务依然存在着体制机制、政策法规、技术能力等诸多限制。

（一）政府管理理念有待转变

传统的政府管理理念中，政府依据职责成为管理主体。在这种管理理念影响下，公共文化服务一般是由政府及其事业单位"包揽"的，其中公共文化服务的供给渠道以及提供的服务内容单一，且缺乏弹性，难以满足人民群众日益增长的文化需求。

即便是大力提倡社会力量参与公共文化服务的当下，仍然有相当多的地方政府难以摒弃根深蒂固的传统的行政管理理念，虽然口头上声称要鼓励和引导社会力量参与公共文化服务，但是在实际工作中却经常依靠其隶属的"文化事业单位"来实施公共文化服务，以致政府"管文化""办文化"难以分离；有些所谓的社会力量，也主要是从原来的文化事业单位改制而来，与政府保持着千丝万缕的联系，由这些社会力量承担公共文化服务职能，不但不能改进公共文化服务的质量，而且还在某种程度上挤压了真正的社会力量的生长空间，势必造成不公平的竞争环境，从而极大地挫伤社会力量参与公共文化服务的积极性和能动性。

（二）政策法规不健全

政策法规不健全主要表现在两个方面：一是对社会力量的培育和发展限制过多。我国目前还没有一部关于非营利社会组织的基本法规，只有相关的行政管理条例或文件，如《民办非企业单位登记管理暂行条例》《民办非企业单位登记暂行办法》《社会团体登记管理条例》《基金会管理条例》《国务院办公厅关于加快推进行业协会商会改革和发展的若干意见》。这些现行的管理条例对于非营利组织设立、登记与管理仍然有诸多限制，甚至登记管理机关、业务主管单位和相关职能部门之间存在要求不一致等问题，对于非营利组织发展缺乏应有的政策支持。

二是政府支持、鼓励和引导社会力量参与公共文化服务的政策法规不健全。目前，国家针对社会力量办公益文化，已经出台了各类税收和进口优惠政策，但是具体到基层执行，相关的政策环境还不成熟。可操作性的细则与程序、可量化的评估机制以及安全性的监管机制均尚未建立起来。部分地区虽然发布了一些政策法规，但这些政策法规过于宏观、空洞、笼统和模糊，无法具体实施，使得社会力量难以享受政策优惠。

案例1 关于捐赠的文件规定

以文化捐赠的相关法律为例，根据《企业所得税法》第九条规定，企业的公益性捐赠支出，在年度利润总额的12%以内的部分，准予在计算应纳税额时扣除，但具体扣除时必须在纳税时持相关凭证。关于税前扣除的凭据问题，财政部、国家税务总局在2008—2010年先后下发了三个文件进行了明确。如在《关于公益性捐赠税前扣除有关问题的补充通知》（财税〔2010〕45号，2010年7月21日）中规定，"对于通过公益性社会团体发生的公益性捐赠支出，企业或个人应提供省级以上（含省级）财政部门印制并加盖接受捐赠单位印章的公益性捐赠票据，或加盖接受捐赠单位印章的《非税收入一般缴款书》收据联，方可按规定进行税前扣除"。而其他类型票据，企业所实施的公益性捐赠不允许在企业所得税税前扣除。

另外，"对于通过公益性社会团体发生的公益性捐赠支出，主管税务机关应对照财政、税务、民政部门联合公布的名单予以办理，即接受捐赠的公益性社会团体位于名单内的，企业或个人在名单所属年度向名单内的公益性社会团体进行的公益性捐赠支出可按规定进行税前扣除；接受捐赠的公益性社会团体不在名单内，或虽在名单内但企业或个人发生的公益性捐赠支出不属于名单所属年度的，不得扣除"。

依据这份通知，民政部专门制定了《社会团体公益性捐赠税前扣除资格认定工作指引》（民发〔2009〕100号，2009年7月15日）对申请条件进行了详细规定："（1）符合《中华人民共和国企业所得税法实施条例》第五十二条第（一）项到第（八）项规定的条件；（2）按照《社会团体登记管理条例》规定，经民政部门依法登记3年以上；（3）净资产不低于登记的活动资金数额；（4）申请前3年内未受到行政处罚；（5）申请前连续2年年度检查合格，或者最近1年年度检查合格且社会组织评估等级在3A以上（含3A）；（6）申请前连续3年每年用于公益活动的支出，不低于上年总收入的70%和当年总支出的50%。"并对资格审核程序也做了详细规定："民政部登记的社会团体，由民政部负责初审。地方民政部门登记的社会团体，由省、自治区、直辖市和计划单列市民政部门负责初审。民政部门初审同意后，将申请文件和初审意见转交同级财政、税务部门联合进行审核确认。经审核确认符合条件的社会团体，由民政、财政和税务部门定期予以公布。民政部门初步审核认为不符合条件的，应当书面告知申请人。"

如此烦琐的程序，使得不少企业、社会团体和个人望而却步。如果捐赠的数额不是很大，一般都是直接捐赠，并未享受有关优惠。这样，政策激励的优惠性就大打折扣。

此外，到目前为止，涉及公共文化服务的文、图、博、美等公共文化服务机构的管理法规，绝大多数仍处于部门规章层级，缺乏制度性的约束力，包括财政投入、税后优惠、社会捐赠、民间参与等方面的可操作性体制和制度化政策在内的国家级法规仍未出台，这也在一定程度上影响了公共文化服务的改善。

总体上而言，我国目前对于非营利组织"限制过多，支持不足"，严重地阻碍了社会力量的成长和发展、壮大。

(三)政府监管和服务不到位

社会力量参与公共文化服务，是建立在政府授权的基础之上，这些社会力量实际上分享了政府的某些权能——"对公共权力的自由裁量和对公共财政资源的使用"①。因此，有必要对其进行一定的监管和服务，确保其不偏离公益性轨道。

任何事物都具有两面性。社会力量参与公共文化服务同样如此，既有其积极作用，也有其消极影响。政府在鼓励社会力量参与公共文化服务的同时，也要对其消极影响有所察觉。事实上，随着市场经济的不断发展，市场主体、社会主体、利益主体日趋多元化，社会力量参与公共文化服务的问题也越来越复杂化。很多民间组织或个人一方面千方百计向政府靠拢以期获得资源与扶持，另一方面又千方百计逃离政府的必要监管。并且，由于当前各类社会主体参与公共文化服务的动机、能力、资源和质量存在较大差异，部分社会力量受经济利益的驱使，在参与公共文化服务过程中偏离了公益属性。譬如，企业资助的公益文化活动往往变相成为企业宣传会、产品推介会；免费租用的公共文化场所私下开展收费性活动；等等。

当政府在公共文化服务领域使用一些新的公共工具(譬如，社会力量参与公共文化服务)，这些新的公共工具并非新公共管理、新公共服务运动所标榜的那样成为万能灵药，它们也会反身向政府提出新的挑战。恰如萨拉蒙(Lester M. Salamon)所言，首先是对管理的挑战，其次是对责任的挑战和对合法性的挑战。尤其是在管理上，"随着公共项目在运作过程中权力被分散，且涉及众多独立的主体，原本在直接政府行为中可以由政府内部临时解决的问题，就变成了必须预先估计到且写入与第三方签订的具法律效力的合同中。类似地，激励机制必须设计合理，既要足以鼓励有益的行为，又不能导致暴利收入；必须在复杂的决策链条的众多节点上达成共识；必须将离散的组织打造成具有共同行动能力的有效网络。这其中的每一项任务不仅需要广博的项目知识，还需要足够的策略技巧、对不同工具在操作过程中涉及的指标的详细了解、对各种工具涉及的多方机构的内在需求有所认识以及对工具应用的具体背景有精细的洞察"②。这些，都倒逼政府不得不对自身进行改进。很显然，社会力量参与公共文化服务，不是政府给自己"减包袱"(或"甩包袱")，而是对政府自身的管理和服务提出了更高的要求。

---

① [美]莱斯特·M. 萨拉蒙：《新政府治理与公共行为的工具：对中国的启示》，载《中国行政管理》，2009(11)。

② [美]莱斯特·M. 萨拉蒙：《新政府治理与公共行为的工具：对中国的启示》，载《中国行政管理》，2009(11)。

(四)社会力量不发达

当前，存在的突出问题还是社会力量过于弱小。社会力量参与公共文化服务的前提，就是社会力量本身有能力承担公共文化服务；如果社会力量本身就不发达，就遑论社会力量参与公共文化服务了。我国社会力量之所以不发达，主要有以下原因：

一是体制空间狭小。受传统行政管理思维影响，各种社会力量的发展仍然受到诸多体制性和管理上的限制。

二是资源不足。资源缺乏是社会力量壮大过程中面临的相当普遍和突出的问题。由于资源缺乏，不少文化类社会组织处于"休眠状态"或者名存实亡。除了政府购买服务少之外，这些社会组织从社会渠道获得的资金也十分有限。更为重要的是，目前还没有建立社会资本参与公共文化服务的政策支持机制，社会资本参与公共文化服务的积极性不高。

三是人才匮乏、专业化程度低。人们对于非营利组织的观念仍然保守，而且非营利组织从业人员的待遇低。这些均导致目前非营利组织人员薄弱、专业人员奇缺乃至队伍不稳定等问题。

四是独立性弱、服务能力不强。特别是从原来事业单位改制而来的文化类非营利组织，大多依附于其原有的行政管理部门；而原有的行政管理部门也将它们视为自己的下属单位，对其关照有加，这也从另一个方面挤压了真正的民办非营利组织的发展空间。在这些社会力量发展初期，大多关注它们的发展问题，极少注重它们的能力建设和提升；正是因为它们服务能力较弱，政府不愿、也不敢将其公共服务转包给它们。如此一来，这样一些社会组织就陷入了"能力—发展"互为掣肘的困局之中。

五是自身组织建设不足。社会力量普遍缺乏良好的组织内部自律机制以及行业自律机制，尚未形成自我管理、自我发展、自我约束的良性治理结构，也在一定程度上影响了社会力量自身的发展和壮大。

总之，我国非营利组织发展尚处在初期阶段，各种社会力量还十分弱小，但也同时显示出我国文化类非营利组织发展潜力、空间和机会巨大(参见案例2)。

案例2 中国非营利社会组织发展情况①

根据民政部发布的社会组织数量信息，截至2018年年底，全国共有社会组织81.6万个，与2017年的76.2万个相比，总量增长了5.4万个，增速为7.1%，增速下降了约1.3%。与十年前相比，全国社会组织数量增长了近一倍，即便是增速下降，一年来新增社会组织的总量并不少(见图1)。

---

① http://www.chinadevelopmentbrief.org.cn/news-23053.html，2020-08-06。

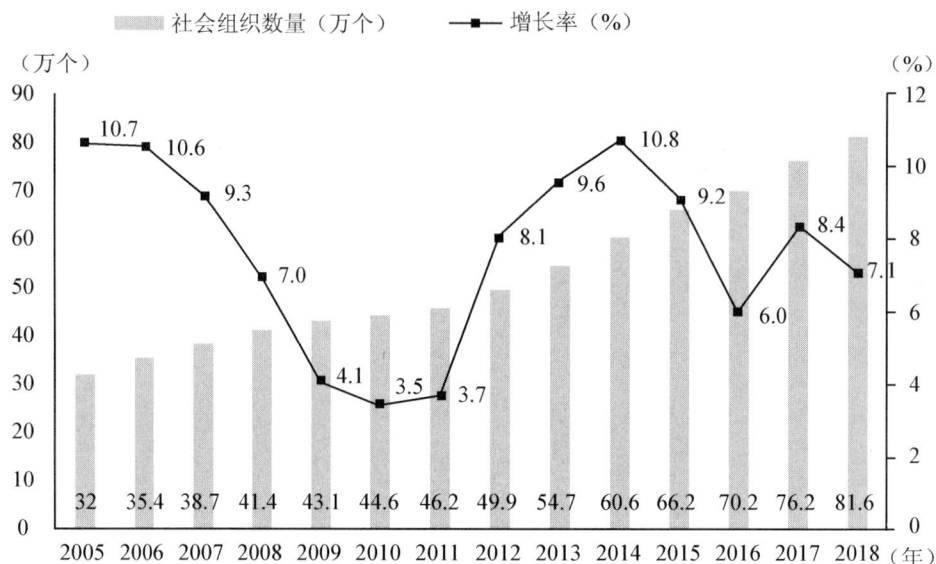

图1 2005—2018年中国社会组织数量增长情况

资料来源：2004—2009年《民政事业发展统计报告》、2010—2017年《社会服务发展统计公报》《2018年4季度民政统计季报》。

从社会组织的三大类型来看，2018年社会团体总量为36.6万个，2018年的增长率为3.1%。由于社会团体连续多年增长率均低于社会组织整体增长率，社会团体总量占社会组织总量呈逐步下降态势，2018年占比仅为社会组织总量的44.9%（见图2）。

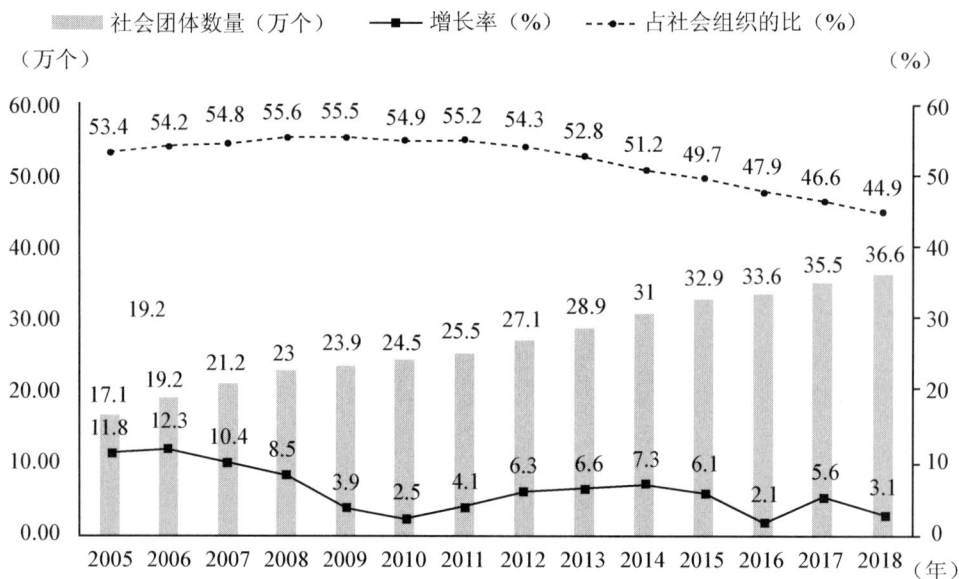

图2 2005—2018年社会团体数量、增长率、占社会组织总量的比

资料来源：2004—2009年《民政事业发展统计报告》、2010—2017年《社会服务发展统计公报》《2018年4季度民政统计季报》。

2018 年民办非企业单位(社会服务机构)总量为 44.3 万个，年度增长率为 10.8％。民办非企业单位的增长率连续多年高于社会组织的整体增长率，占比数量已超过社会组织总量的一半，2018 年已占社会组织总量的 54.3％(见图 3)。

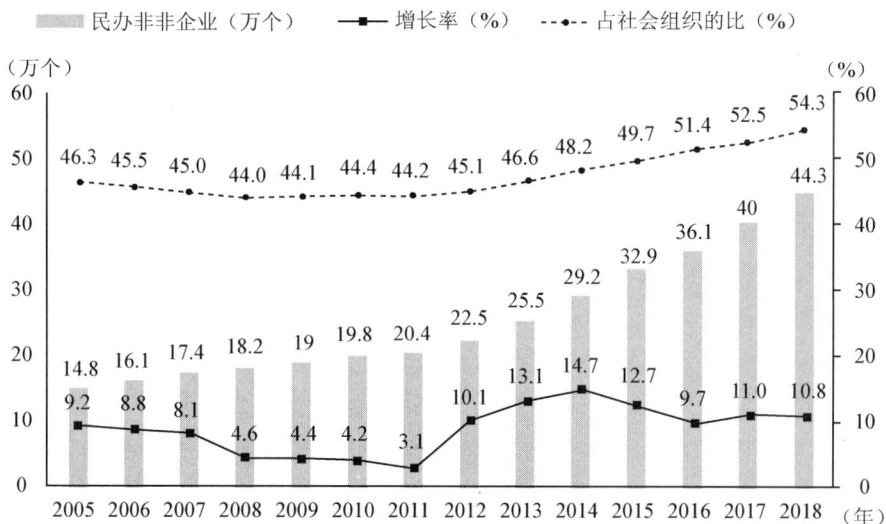

图 3 2005—2018 年民办非企业单位数量、增长率、占社会组织总量的比

资料来源：2004—2009 年《民政事业发展统计报告》、2010—2017 年《社会服务发展统计公报》《2018 年 4 季度民政统计季报》。

2018 年基金会总量已达 7027 个，年度增长率为 11.4％，占社会组织总量的 0.9％(见图 4)。基金会增速虽然连续多年走低，但在社会组织总量占比中一直稳步小幅提升，而且从规范性、影响力等方面来看，基金会在社会组织所有类型中发挥着越来越大的促进作用。

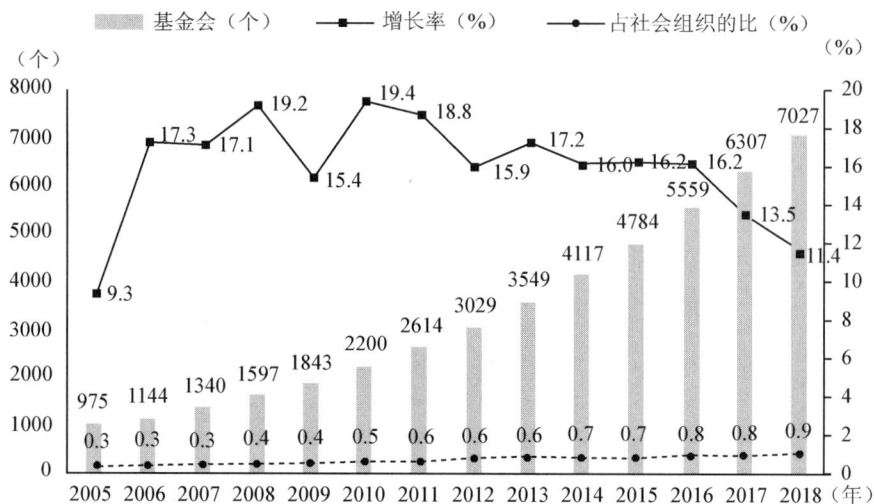

图 4 2005—2018 年基金会数量、增长率、占社会组织总量的比

资料来源：2004—2009 年《民政事业发展统计报告》、2010—2017 年《社会服务发展统计公报》《2018 年 4 季度民政统计季报》。

（五）社会力量受利益驱动偏离公益轨道

社会力量参与公共文化服务不应以营利为目的，哪怕是企业也不应直接从公共文化服务中谋利。但在实际运行中，一些社会力量在利益驱使下偏离了公益轨道。例如，一些社会力量为了维持生存和发展，通过各种渠道开展与自身业务不相干的营利性活动；有的社会组织则具有双重身份，一方面提供公共服务，另一方面参与商业竞争，常常把公共拨款变成商业营利的资本，使公共文化服务受到商业利益的侵蚀。诸如此类做法，已经严重背离了社会力量参与公共文化服务的初衷。

（六）社区和社区组织行政化严重

目前在我国，社区基本上是由政府推动建立的，实际上承担了大量的行政工作，这就在相当程度上挤压了社区和社区组织的公共服务职能。而且，在众多的社区服务事务中，公共文化服务又往往被安放在边缘位置。也正因为如此，社区文化团体、社区文化志愿者组织相对其他社区组织发展得更加薄弱和迟缓。同时，我国公共文化资源主要集中在"单位"之中而不是"社区"里，社区的文化建设严重不足，以致许多社区既无资源也无能力提供公共文化服务。此外，从总体上而言，分布在城乡不同地带的城市社区、城郊社区、集镇社区、村落社区，无论是公共文化设施的供给还是个体日常文化丰富度、满意度大致上呈"差序结构"。也就是说，处在城乡不同地带的社区，公共文化服务和居民的文化生活具有较大差异。如何促进城乡之间（尤其是城乡社区之间）的公共文化服务均等化，便成为当前推进公共文化服务首先必须解决的问题。①

（七）民众参与的意识和能力亟待提升

所有社会力量参与公共文化服务，最终都要落实到民众参与上来。如果一个社会的民众没有公益心或公共精神，不愿意参与到公共活动之中，那么他们所在社会中的各种社会力量必然难以发展壮大起来。在我国，民众公共参与意识较为薄弱，甚至存在比较严重的依赖政府思想，体现在公共文化服务上只是"等靠要"政府来提供公共文化服务，极少考虑通过自身的参与行动去改善公共文化服务，达到"自我表现、自我教育、自我服务"的目的，以致许多文化活动，都是政府和社区动员、组织起来的。此外，我国民众的文化参与能力普遍较低，一些特殊群体受制于工作条件和自身条件，参与公共文化服务的可及性较弱。当然，我国目前民众参与公共文化服务的状况不够乐观，也跟民众参与机制没有搭建起来不无关系。

四、社会力量参与公共文化服务的国际经验

在"第三部门"理论、新公共管理理论和治理理论等理论发展的推动下，世界各国都开始了社会力量参与公共文化服务的研究及实践。即便是在政府集权的国家，也注

---

① 参见吴理财：《积极推进城乡公共文化服务均等化——基于20省80县（市、区）的问卷调查分析》，载《湘潭大学学报（哲学社会科学版）》，2014(4)。

重发挥社会力量的参与作用。

（一）政府主导（集权）下的社会力量参与

在法国、日本等这样的中央集权国家，强调政府在公共文化服务中的主导作用，中央政府主管，地方部门配合执行；从中央到地方设立各级文化行政管理部门，中央部门规定文化发展框架和制定整体发展目标，由各级政府提供比较完善的公共文化服务；但在具体执行过程中，政府也逐步引入和积极扩大社会力量的参与。

法国公共文化服务管理运行过程涉及政府、文化机构、企业、社会组织和个人等主体，每类主体具有不同的角色和分工，分别构成宏观与微观、投入与生产、供给与需求、实施与监督的相互配合、相互促进的完整体系。法国实行多元主体参与的公共文化服务方式，这种方式也决定了法国的文化事业管理体制会采取集权、分权、放权等多种管理方式，由此决定了其公共文化服务形式的多样性。其公共文化服务管理运行机制主要包括行政协调机制、人事管理机制、经费投入机制、生产与供给机制、法律保障机制以及绩效评估机制。法国文化与通讯部负责整个法国的文化领域中政府主导行为的实施，包括政策的制定和实施，编列文化预算上报议会审批，为文化发展提供资金、人才和技术支持等，其他相关部委则在特定的文化领域中参与行动。地方政府专注于区域文化发展中重要的措施和设施、主要的传播设施、各种文化项目，以及纠正文化发展中的缺陷。公共文化经费主要是由中央和各级地方政府公共投入为主，其他的公益文化事业主要由公共文化机构、半民间的各种文化协会和企业、私人主导的各类文化设施与文化机构负责。政府、企业和私人合作提供的公共文化服务主要有以下四种形式：契约联结的"国民合办"，交换联结的"国办民助"，制度联结的"国有民营"，政策联结的"国助民办"。例如，法国的东京宫当代艺术中心与法国的文化部签订了委托公共服务目标合同，承担着"使公民低价享受艺术"的义务，由政府适当补贴，按私人企业模式运作，具有非营利性协会性质。类似的还有法国的戏剧中心，政府通过合同的形式提供该中心基本活动经费，并要求该机构提供公共文化产品和服务。国家立法是法国文化服务管理制度的核心，政府和议会对历史文化遗产、文化资金投入的数量与比例、电影资助制度以及文化赞助的税收减免等进行立法保护。法国的绩效评估采取混合评估模式：文化管理部门一方面接受立法机关和审计部门的质询和审计，另一方面也对下级文化事务机构进行管理和评估，在对国家公共文化机构进行审计时，除了政府审计部门和审计法院必须参与外，民间审计力量（会计师事务所等第三方评估机构）也介入审计及流程。[①]

文化厅是日本管理公共文化服务的主管部门，1968年由教育部文化局和文化财产保护委员会合并而成。2001年，日本对文化厅进行调整，与其中央政府重新组合，在文部科学省下面设置文化事务委员会，并通过该委员会秘书处、文化事务部门、文化

[①]　饶先来：《对法国公共文化服务运行机制的探析及借鉴》，载《上海文化》，2014(6)。

遗产部门和顾问委员会来完成政策协调和文化艺术、日本古迹文化遗产、宗教事务等方面的管理工作。[①] 日本的公共文化事业是由政府的公共财政主导和引导的，政府公共财政在直接供给公共文化产品与服务的基础上，充分发挥其杠杆作用，撬动社会资本参与；并在文化事业的发展过程中逐步形成了一系列鼓励私营企业及有能力的个人赞助公共文化设施和活动运行的相关政策法规和措施，其中税收减免是有效促进企业和社会组织投身公共文化服务的财政调节手段。20世纪90年代后半期起，日本开始对公共部门业务进行全面审查，导入公共业务的外部委托、公共设施的经营委托以及PFI[②]。2003年实施的公共设施指定代理者制度[③]，扩大了民间参与主体的范围，有效推进了公共文化服务中民间主体的能动性。此后，日本又提出充分利用市场结构来运营公共服务，规定了"民间能做的事，尽量交给民间来做"，积极推进公共服务领域的PPP模式[④]，主要有"民营化、独立行政法人化、PFI、外部委托、民间委托"等。非营利组织目前已经成为日本公共文化服务体系多元化供给模式的倡导者。日本文化艺术领域的非营利组织的数量超过2000个。2008年12月，公共文化领域的慈善企业政策生效，进一步增强了文化政策中的基金会和协会的作用。[⑤]

（二）市场（民间）模式下的社会力量参与

在美国、德国等国家，公共文化服务产品的提供主要通过市场机制来实现，并以

---

① 金雪涛、于晗、杨敏：《日本公共文化服务供给方式探析》，载《理论月刊》，2013(11)。

② PFI(Private Finance Initiative)表示一种制度结构：凡是需要通过税收来建设、维修、保养的社会资本，公共部门仅限于政策计划的制订，而在其设计、资金调配、运营管理等方面，尽可能委托给民间的一种制度创新。PFI英文原意为"私人融资活动"，在我国被译为"民间主动融资"，是英国政府于1992年提出的，在一些西方发达国家逐步兴起的一种新的基础设施投资、建设和运营管理模式。PFI是对BOT项目融资的优化，指政府部门根据社会对基础设施的需求，提出需要建设的项目，通过招投标，由获得特许权的私营部门进行公共基础设施项目的建设与运营，并在特许期（通常为30年左右）结束时将所经营的项目完好地、无债务地归还政府，而私营部门则从政府部门或接受服务方收取费用以回收成本的项目融资方式。

③ "指定代理制度"(DMS)是日本借鉴西方发达国家经验，在公共文化服务设施运营领域进行的一次制度创新。它对地方自治法进行了修改，允许政府将公共文化服务设施（图书馆、博物馆、文化馆等）的运营权外包给私营部门。

④ PPP(Public-Private-Partnership)也称3P模式，即公私合作模式，是公共基础设施一种项目融资模式。在该模式下，鼓励私营企业与政府进行合作，参与公共基础设施的建设。通过这种合作方式，合作各方可以达到与预期单独行动相比更为有利的结果。合作各方参与某个项目时，政府并不是把项目的责任全部转移给私营企业，而是由参与合作的各方共同承担责任和融资风险。双方首先通过协议的方式明确共同承担的责任和风险，其次明确各方在项目各个流程环节的权利和义务，最大限度地发挥各方优势，使得建设摆脱政府行政的诸多干预和限制，又充分发挥民营资本在资源整合与经营上的优势。PPP模式，由英国劳动党政权命名，以20世纪80年代以后欧美诞生的NPM(新公共管理)为理论背景，在PFI的基础上发展而来，通过充分利用民间主体的经营力及其与市场的对话机能，有效提高公共服务的效率与效果。

⑤ 于晗、赵萍：《日本公共文化服务的多元供给及运营模式》，载《新视野》，2014(6)。

政策法规营造良好文化生态，对各类文化团体主要在政策法规上进行调节，鼓励各类文化团体或机构自我生存，其大量的公共文化服务是由各种社会团体、经济团体和个人举办的非政府组织(NGO)或非营利机构(NPO)开展的。政府主要是通过一系列完善的税收和法律体系，鼓励和扶持社会力量参与公共文化服务。

美国政府没有设立专门的文化行政管理部门，主要是通过给予艺术机构、艺术家的私人捐赠和赞助等实行免税来支持文化事业发展，以及政府通过政策法规为文化发展营造良好的发展环境和提供有效的法律保障，而各类文化团体和机构的生存和发展则是取决于其在市场中的竞争力以及对公众的吸引力。[①]

案例3　美国公共文化服务的特点与启示[②]

一、美国公共文化服务体系建设与管理的主要特点

美国在公共文化服务体系建设与管理方面，主要有以下几个特点。

一是政府进行间接扶持。美国公共文化管理体系采用的管理模式是没有专门的行政部门对文化进行直接管理，而是形成一套自上而下、从政府到社会对文化进行间接管理的工作体系。美国政府对公共文化不是"办"，也谈不上"管"，主要是引导扶持，可以说是间接管理，即通过出台激励扶持政策，引导企业、非营利组织和个人赞助公共文化。

美国政府共有四级扶持公共文化的机制。在国家级，最高决策机构是总统艺术与人文委员会，负责研究艺术和人文方面的政策问题。委员会会员包括联邦政府机构的12位负责人和33名由总统任命的民间代表。其次是联邦文化赞助机构(国家艺术和人文基金会)和文化服务机构(史密森学会、国会图书馆、国家美术馆等)，在各州、郡、市也设有文化艺术委员会或基金会。国家艺术和人文基金会2012年共投入公共文化扶持资金1.46亿美元，2013年是1.6亿美元左右。这一数额非常小，主要是作为引导资金，获得该资金的项目和组织，大大提高了其可靠性和知名度，因此非常容易取得社会的认同和其他资金的扶持。同时联邦规定：国家艺术和人文基金每向一个文化组织拨款1美元，该组织需从政府以外的渠道争取7~8倍的配套资金或捐款，这1美元才能真正到位。通过这一方式，政府的间接管理效应得到了有效的发挥。

二是行业协会自律管理。美国政府的文化机构与公共文化艺术各种行业协会等民间组织和机构保持着密切的联系，通过帮助行业协会制定自律公约来对它们进行管理和制约。这些协会如图书馆协会、广播业者协会、电影协会等多数制定有行为准则之类的自律条约，一方面约束行业从业人员的行为，另一方面也维护从业人员的权益。此外，协会还代表本行业对国会和联邦政府进行游说，在立法、政策的制定方面施加影响，对本行业提供知识产权保护服务，以及推广新技术的应用等，对美国公共文化

[①]　苗瑞丹：《反思与借鉴：美国公共文化政策对我国文化发展成果共享的现实启示》，载《学术论坛》，2013(10)。

[②]　参见冯庆东：《美国公共文化服务体系建设与管理的主要特点及启示》，载《人文天下》，2015(16)。

事业的发展发挥了非常重要的作用。

三是社会投入成为主要渠道。美国联邦政府通过对税收的减免政策，鼓励和促进公共文化事业的发展。联邦税收法案规定，对非营利的美国文化艺术团体和机构免征所得税；凡赞助非营利文化艺术团体和机构的公司、企业和个人，其赞助款可免缴所得税。以上政策都是旨在鼓励社会力量支持美国公共文化事业的发展。在这些政策的激励下，美国社会各界对公共文化的投入赞助成为主要资金来源。2014 年，联邦对公共文化的投入约为 1.6 亿美元，而私人基金会对公共文化的赞助经费为 36 亿美元。私人基金会对公共文化的赞助经费中，福特基金会每年捐赠 8000 万美元；大企业和公司每年投入公共文化的赞助约为 15.6 亿美元，几乎是联邦投入的 10 倍。个人赞助公共文化资金每年达到 100 亿美元，占到总投入的 75%。在政策措施的激励下，社会各界的投入成为美国公共文化经费的主要来源。

四是理事会制度广泛建立。在公共文化机构推行组建理事会，是美国公共文化机构管理权与所有权相分离的一种管理理念的体现。这一制度可以追溯至 19 世纪中叶美国波士顿公共图书馆的建立以及理事会制度的确立。理事会是各个博物馆、图书馆、美术馆的最高决策机构，每年召开 2～3 次会议，决定馆长和管理人员的人选、资金来源和分配、重大活动和重要项目的实施等。旧金山亚洲艺术博物馆的理事会由 27 人组成，理事会成员筹集到的资金成为博物馆最为重要的经费来源，重要的理事每年可为该馆筹集到 100 万美元以上的资金。理事会内部分设审计、人力、活动等专门委员会，对有关事项进行决策决定。理事会制度在美国公共文化服务机构广泛建立，为这些机构运转的科学化、规范化提供了非常可靠的保证。

五是志愿服务蔚然成风。在美国公共文化机构中，志愿者服务成为非常重要的力量。目前，美国每年有 130 万人次参与公共文化志愿服务，共计服务 650 万工时，相当于投入 16 亿美元，部分博物馆的志愿者与职员的比例达到 4∶1。志愿服务成为升学、就业等重大人生事项的参考因素，如美国的高中生在毕业前，必须完成 50～80 小时的社区志愿服务才能顺利升学。各个公共文化机构对于志愿者的素质要求相当严格，如美国国会图书馆对于志愿者也要进行 5 周以上的培训；旧金山亚洲艺术博物馆对于志愿者的培训长达 3 年，经过严格的考试才能开展志愿服务。例如，肯尼迪艺术中心共有 500 多名志愿者，其中 1 名负责介绍的导游原是联邦政府雇员，退休以后作为志愿者继续服务，每周 2 天，志愿者服务内容包括咨询中心、导游讲解以及各种行政管理与辅助工作。如果没有广大志愿者的支持，中心的各种演出活动、特色服务都难以为继。

总之，美国政府对于公共文化的引导和扶持成效是明显的，其行业管理、社会参与、法律扶持等方面的举措促进了公共文化的发展。但是，美国公共文化的发展也存在一些较为明显的问题，比如受联邦预算的影响，政府投入不够固定和充分；公共文化产品受市场驱动明显，技术运用过分，娱乐化色彩过于强烈而艺术性不足；在大众性、流行性、创新性、娱乐性的背后，文化产品的拜金主义、享乐主义、颓废主义以及暴力和色情等消极因素浓厚等。

二、美国公共文化服务体系建设与管理措施的启示

首先，现代化的管理是建设现代公共文化服务体系的前提。美国公共文化建设与管理在理念上是共同担责，即政府、社会和文化机构共同负责；在经费上是多元投入，即机构自筹是基础，社会赞助是重点，政府投入是引导；在运行模式上是董事会制度，即人员安排、资金筹措、重要活动、重大事项由董事会决定；在生存机制上是参与市场竞争，即公共文化机构与文化产业一样要接受市场的考验与选择，优胜劣汰。这一系列现代化的管理理念和举措，对于我国构筑现代公共文化服务体系大有裨益。

其次，以人为本是现代公共文化服务体系建设的根本宗旨。美国公共文化服务机构在以人为本、促进公共文化服务均等化方面有不少值得借鉴的地方。比如，公共图书馆已经不是"图书收藏借阅的馆"，而是发挥了整个社区活动中心的作用。图书馆除了日常工作外，还具有邮寄业务、发放并指导填报税表、法律指导、就业培训、健康咨询、新来移民英语培训以及选举时的演讲中心等很多方面的功能。再如，美国公共文化机构特别关注残障、低收入和低教育水平的群体，且无一拒绝流浪汉进入。再比如肯尼迪中心的千禧舞台，每周7天18:00开始向公众开放1小时的免费演出，受到公众的热烈欢迎。这些以人为本方面的举措，使得既有公共文化服务资源的社会效益得到了最大程度的发挥。

再次，公共的参与是现代公共文化服务体系建设的重要条件。值得注意的是，美国的公共文化服务，绝大多数是依靠社会各界的付出。经费支持主要来自企业和个人赞助，活动的策划、开展和审核依靠有关社会机构进行；公共服务的工作相当一部分依靠志愿服务来完成；社区公共文化活动和项目由群众自发提出、社会机构运作、群众自行测评结果等。

最后，因地制宜是现代公共文化服务体系建设的有效途径。美国的公共文化服务公众非常注重因地制宜、一地一策。比如，公共文化活动的开展，在种族杂居的地区，以各地特色艺术活动为主；在年轻人为主的地区，以前卫文化艺术活动为主。例如，加州圣何塞市图书馆采用市立公共图书馆与高校图书馆联合营运的模式，加州圣何塞州立大学学生与普通市民共享使用，图书馆既为公众服务，也为学校学生服务。在藏书方面，教学用书与公共图书馆综合性藏书相互兼顾。在运行方面，市立图书馆和大学图书馆经费不合并，人员考核不合并。在功能上，市立图书馆和大学图书馆各有分区，也存在交叉的地方，最大限度地整合资源，综合利用，收到了很好的效果。

美国公共文化政策的首要目标是提高全体公民的艺术参与，为了保证有效的艺术参与，美国当地政府通过积极的法律框架向社区和服务提供者提供技术支持、指导和有效监管。美国政府对非营利组织的监管主要表现在三个方面：一是在联邦层面以税

收为重点统一监管①，二是在州层面由首席检察官对非营利组织的财产和活动进行监管和规范；三是在非营利组织自身层面，政府积极支持非营利组织开展自我监督。

社区组织在确保社会力量参与中发挥着关键作用，社区艺术代办处的主要任务就是为艺术的发现创造机会。其活动通常包括组织和发起旨在表彰和展现其社区内的艺术和艺术家的节日庆祝活动；为艺术提供展览空间和销售渠道；将艺术作品投入生产；为社区展示不能以其他方式获得的具有吸引力的艺术品；为创作活动提供住房条件；并为确保某社区的多种文化都有机会被居民接触而工作。② 总之，美国各级政府在提供公共文化服务过程中更多地履行着设计者、研究者和推动者的职能。

德国鼓励社会力量通过资金、物质手段、运输和组织的方式赞助文化活动的举办，使公共文化得以多元化。赞助商赞助的形式可以是资金、物质、运输和组织等各方面的帮助。文化赞助和捐赠在德国已成为潮流。据德国筹资手册统计，德国人每年对文化赞助达 4 亿欧元，名列第二，仅次于对体育的赞助。同时，德国政府的所得税法规定，对促进公共事业发展为目的的捐赠，可以减免一定比例的税收。例如，对促进教堂、宗教、公共事业发展为目的进行的捐赠，最多可以从年度总收入中减免 5% 的税收；对出于慈善或者作为特别发展目的的文化(如音乐、戏剧团体)进行赞助，可以减免 10% 的税收。对于捐赠超过 2 万欧元的，有其他特别条款进行调节。

(三)共建(分权)模式下的社会力量参与

在英国、澳大利亚等国家，通过设置一级非政府的公共机构作为中介，使政府与民间"保持一臂之距"(arm's length)，即由中央政府文化行政系统之外的相对自主的专业的文化艺术基金管理组织，对文化资源进行分配，管理文化事务，提供文化服务。这类中介机构在国会和中央政府的监督下，独立承担了国家文化艺术财政投入的分配工作，一定程度上分散了政府的权力。

英国文化管理奉行"保持一臂之距"原则，具体表现为中央政府在其与接受拨款的文化艺术团体和机构之间，设置了一级非政府的公共机构作为中介，负责提供政策咨询、文化拨款的分配等协调事务。英国还提出艺术应在全国范围内发展的原则，对财政资源的地区和艺术形式的合理配置进行重估，调整国家、地区和地方的分配比例，

---

① 美国联邦税务局对非营利组织的税务管理主要有三个步骤：第一步是非营利组织的自查，联邦税务局制定了非营利组织的自查标准；第二步是联邦税务局的抽查，按照每年 1%～2% 的比例，通过计算机对非营利组织的年度财务报告、活动项目以及资产经营损益情况进行检查；第三步是在严格审定的基础上，由联邦税务局进行下一年度免税资格的评定和认可。在这一过程中，如果发现有组织存在问题，联邦税务局将依情况采取罚款、取消免税资格等处罚措施，情节严重的，会由登记机关取消设立资格。

② ［美］詹姆斯·海尔布伦、查尔斯·M. 格雷：《艺术文化经济学》(第二版)，詹正茂等译，301页，北京，中国人民大学出版社，2007。

以支持艺术在全国范围内的发展。① 公共文化政策上的"保持一臂之距"多是指中央文化部门适度"分权"、政府与民间"分权"共建的间接管理模式，这个原则具有"垂直分权"和"水平分权"两种维度。"垂直分权"涉及中央政府与其所属行政部门和各级地方政府的纵向分权关系：一方面，中央政府将文化政策制定和实施的主要权力以及部分文化拨款的责任交给其所属的文化相关部门（机构）；另一方面，它还要求各级地方政府行使相应的权力或承担相关的责任。"水平分权"是指各级政府与文化方面的非政府公共组织的横向分权关系。这类组织是介乎政府与具体文化单位之间的一级中介机构。它具有两个基本特征：第一，它通常接受政府委托，为政府提供文化政策咨询，甚至向政府提供文化政策设计，并策划具体的文化政策实施方案。同时，还负责把政府的部分文化拨款落实到具体文化单位。因此它可以称之为代理政府具体管理文化的准政府组织。第二，它往往由艺术文化产业领域的中立专家组成，虽然接受政府委托，但却独立履行其职能，从而尽可能使文化发展保持自身连续性，避免受到政府过多行政干预，二者之间不存在隶属关系。英国是最早实行"保持一臂之距"文化政策的国家，随后这个原则被澳大利亚、加拿大、奥地利、比利时、芬兰、瑞典等国家广泛借鉴。② 这一文化管理措施促进了文化资源的合理分配和权力向地方、民间机构的必要分散。

澳大利亚以文化管理部门和艺术理事会为核心，以鼓励社会赞助、捐赠、参与文化事业为辅助，建立了一种政府、社会、个人共同参与的共同治理式文化艺术管理体制。除政府部门外，大量非政府、非营利组织参与文化决策、执行以及文化产品的生产和文化服务的提供等各个环节。在这种共同治理模式中，国家行政部门虽然在很大程度上掌握着文化事务的决策权，但并非唯一的决策方，其他文艺组织、艺术家、社会各界人士等通过参与文化政策决策咨询、参加各种文化委员会等，发挥着参与文化事务的决策、执行等多方面的作用。③

尽管各国公共文化服务模式各不相同，但都有大量的非政府组织或非营利组织参与公共文化服务。④ 这些国家的经验表明，形成政府与社会共同治理结构，是保障公共文化服务得以完善提供的普遍模式。⑤

五、推动社会力量参与公共文化服务的政策建议

社会化是现代公共文化服务的一个典型特征，积极引导和发挥社会力量参与公共文化服务，是加快我国现代公共文化服务体系建设的必然要求。为了促进社会力量参

---

① 范中汇：《英国文化》，28～29页，北京，文化艺术出版社，2003。
② 祁述裕：《中国和欧盟国家文化体制、文化政策比较分析》，载《中国特色社会主义研究》，2005(2)。
③ 毛少莹：《澳大利亚文化艺术行政管理模式及启示》，载《中国文化产业评论》，2007(1)。
④ 赵迎芳：《国外公共文化服务体系建设及其对山东的启示》，载《东岳论丛》，2014(4)。
⑤ 毛少莹：《发达国家的公共文化管理与服务》，载《特区实践与理论》，2007(2)。

与公共文化服务，我们有如下五点建议。

(一)深化文化管理和公共文化服务体制改革

建立健全政府向社会力量购买公共文化服务机制，吸引社会力量参与公共文化服务。鼓励社会资本投入公共文化领域，积极探索政府和社会资本合作模式，促进公共文化服务提供主体和提供方式多元化，形成公共文化服务供给合力。制定一系列公正、公开与透明的社会力量参与公共文化服务的制度规范与民主程序，实现在政治过程中民众与政府的价值偏好的一致性，并规范在市场过程中政府与生产者的交易行为，从而保障民众公共文化需求与文化权利实现。加强公共文化服务人才队伍建设，建立多元化的激励机制，加大交流培训力度，提升人才队伍整体素质，提高公共文化服务品质。基层文化馆(站)及时转变职能，从直接提供公共文化服务转向培育、发展和管理文化类社会力量，并为社会力量参与公共文化服务提供必要的支持。

(二)加强社会力量参与公共文化服务的政策法规建设

在国家层面，就文化类社会团体、文化类民办非企业单位、文化基金会以及海外民间组织等登记管理尽快制定专项法规，改革现行的非营利组织"登记管理机关"和"业务主管单位"的双重审核、负责与管理制度，建议对民间非营利性文化单位的登记管理制定专门颁发、打破制约的政策，提高管理效率；为鼓励社会力量以捐赠方式参与公共文化建设，建议尽快制定具有中国特色的公益性文化事业社会捐赠管理办法或条例，明确对于捐赠人或捐赠单位的奖励办法，比如建设优先权、税收减免、冠名权等；建议制定社会力量参与公共文化服务的财务管理制度，规范社会力量可以获得的资金、支出、优惠、管理与运行等程序，保障公共文化服务经费的合法、合理与有效使用。各级地方政府依据本地实际，指定相关实施细则。

(三)大力培育发展各种文化类社会力量

一是设立文化类民办非企业单位的专项扶持资金。建立政府购买公共文化服务目录，对文化类民办非企业单位创作的优秀文化作品，按国际级、国家级、省级、市级等分别给予不同额度的奖励，并在税费减免、土地征用、场所提供和基础设施运行等方面给予优惠。二是扶持民间文化组织的发展。在社区、单位、企业可通过配套场地、设备设施等优惠扶持公益性的民间组织，若其登记条件不成熟，可采取备案形式，使之成立并活动起来，符合条件时再正式登记。三是扶持基层文化志愿者队伍或文化义工队伍。基层文化馆(站)通过文化志愿者协会等形式对基层文化志愿者队伍或文化义工队伍进行组织、管理、协调和引导。四是注重城乡社区内各种微小社会力量的培育和发展。这些微小社会力量积极参与公共文化服务所发展出来的"微服务"新形式，日益成为活跃于我国城乡社区日常生活中的"新常态"。对这些"微力量"，地方政府和城乡社区要给予一定的经费、场地、器材以及人力培训、技术指导等方面的必要支持。五是进一步探索建立政府主导下的文化市场化运作机制，鼓励文化类社会组织与公共文化事业单位良性竞争，增强公共文化运行活力。各级地方政府要整合优质资源，提供服务和展示平台，引导文化类社会组织积极参与大型文化活动，创建公益性文化品牌。

（四）探索建立社会力量多种参与机制

在实践中，积极探索社会力量通过投资或捐助设施设备、兴办实体、资助项目、赞助活动、提供产品和服务等方式参与公共文化服务。推动建立健全公开透明的社会捐赠管理制度。创新公共文化设施管理模式，有条件的地方可探索开展公共文化设施社会化运营试点，通过委托或招投标等方式吸引有实力的社会组织和企业参与公共文化设施的运营。

（五）建立健全社会力量参与公共文化服务绩效评估体系

对于通过招标采购、项目外包、授权、补贴等方式，委托社会力量提供的各类公共文化服务活动，必须建立健全相应的财务绩效审计和服务业绩评估制度。积极探索建立"政府管理、社会主导"的多元化评估体系与评估方法，政府主要负责制订评估规则、规范评估程序，具体评估过程交由专家学者、公众代表等组成的第三方社会机构完成。在评估中，要加大被服务对象对社会力量参与公共文化服务绩效评价的权重。

后　记

本教材编写得到文化和旅游部公共服务司、中央文化和旅游管理干部学院及国家文化和旅游公共服务专家委员会的大力支持，特此致谢！

为了编写本教材，我们进行了多次讨论，形成写作提纲后分工写作。其中，第一、第六章由刘建执笔，第二章由徐琴执笔，第三章由刘磊执笔，第四章由解胜利执笔，第五章由瞿奴春执笔。最后，由吴理财统稿，并做了修改完善。在教材之后，附录了1篇研究报告供读者参考。该研究报告由吴理财、王前、贾晓芬、庄飞能执笔。

本教材在撰写过程中，得到了原文化部公共文化司副司长陈向红、处长尹寿松，首都图书馆馆长倪晓健，国家图书馆研究院副院长申晓娟，重庆市社科院公共文化研究中心研究员彭泽明，中央文化和旅游管理干部学院副院长卢娟，中央财经大学文化与传媒学院魏鹏举教授等专家的精心指导，中央文化和旅游管理干部学院科研处孟晓雪副处长、北京师范大学出版社策划编辑周粟、责任编辑杨磊磊为本教材编辑出版做了大量细致的工作，特此一并表示感谢！

近十余年，我国加快了现代公共文化服务体系建设，各地不断推进公共文化服务创新，形成了一大批成功经验。本教材中的许多案例直接来源于这些成功经验。不过，有许多新的实践探索、新的创新经验，没有及时进行总结并收入本教材之中，这不能不说是一个遗憾。同时，由于力有不逮，本教材编写或有疏漏之处，敬请批评指正。

吴理财

安徽大学蕙园

2019 年 6 月 7 日

图书在版编目（CIP）数据

社会力量参与公共文化服务概论/吴理财主编. —北京：北京师范
大学出版社，2021.9
（全国基层文化队伍培训用书）
ISBN 978-7-303-27160-3

Ⅰ. ①社… Ⅱ. ①吴… Ⅲ. ①公共管理－文化工作－中国－
业务培训－教材 Ⅳ. ①G123

中国版本图书馆 CIP 数据核字（2021）第 158075 号

营 销 中 心 电 话 010-58807651
北师大出版社高等教育分社微信公众号 新外大街拾玖号

SHEHUI LILIANG CANYU GONGGONG WENHUA FUWU GAI LUN
出版发行：北京师范大学出版社 www.bnupg.com
　　　　　北京市西城区新街口外大街 12-3 号
　　　　　邮政编码：100088
印　　刷：三河市兴达印务有限公司
经　　销：全国新华书店
开　　本：787 mm×1092 mm　1/16
印　　张：8.75
字　　数：170 千字
版　　次：2021 年 9 月第 1 版
印　　次：2021 年 9 月第 1 次印刷
定　　价：49.80 元

策划编辑：周　粟　王婧凝　　责任编辑：杨磊磊
美术编辑：李向昕　　　　　　　装帧设计：李向昕
责任校对：康　悦　　　　　　　责任印制：马　洁